Kid/Quid ?

COLLECTION DIRIGÉE PAR

CHRISTIANE DUCHESNE

Dépôt légal :
3e trimestre 1995
Bibliothèque nationale du Québec
Bibliothèque nationale du Canada

Révision linguistique : Diane Martin
Conception graphique : Caroline Fortin
Illustrations : © Québec/Amérique International
Logo Kid/Quid : Raphaël Daudelin

Diffusion : Éditions françaises,
1411, rue Ampère Boucherville (Québec) J4B 5Z5
(514) 641-0514 • 1-800-361-9635 - région extérieure
(514) 641-4893 - télécopieur

Données de catalogage avant publication (Canada)

Duchesne, Christiane, 1949-
Cyrus : l'encyclopédie qui raconte
comprend un index.
Pour les jeunes de 10 à 12 ans.
L'ouvrage complet comprendra 12 v.
ISBN 2-89037-697-4 (série) - ISBN 2-89037-694-X (v. 2)
1. Encyclopédies et dictionnaires pour enfants.
I. Marois, Carmen, 1951- II. Titre.
AG25.D82 1995 j034' .1 C95-940949-1

Christiane Duchesne Carmen Marois

2

Cyrus

l'encyclopédie qui raconte

Québec/Amérique

1380 A, rue de Coulomb, Boucherville, Québec J4B 7J4
Tél. : (514) 655-6084 • fax : (514) 655-5166

En hommage à mon père
et à l'avenir de mes fils.

C. D.

Quand je serai grande, je veux être heureuse
Savoir dessiner un peu
Savoir me servir d'une perceuse
Savoir allumer un feu
Jouer peut-être du violoncelle
Avoir une belle écriture
Pour écrire des mots rebelles
À faire tomber tous les murs
Si l'école permet pas ça
Alors je dis « Halte à tout ! »
Explique-moi, papa, c'est quand qu'on va où…

Renaud Séchan

Avant-propos

La seule qualité requise pour devenir un bon philosophe est de s'étonner. [...] Les philosophes et les petits enfants ont par conséquent cette qualité en commun. On pourrait même dire que les philosophes gardent toute leur vie une peau aussi fine qu'un enfant.

Jostein Gaarder
Le Monde de Sophie

Les enfants posent des questions de toutes les espèces et c'est tant mieux. Sinon, comment comprendraient-ils le monde? Mon père avait comme principe de ne jamais répondre «Je ne sais pas» à une question que nous lui posions quand nous étions petits. J'ai fait la même chose. J'ai cherché des réponses toute ma vie et je m'aperçois aujourd'hui que ce fut toujours un plaisir. Des milliers de questions pour expliquer l'histoire des choses, la vie de la planète, les angoisses de l'homme, la vie animale, l'univers végétal, le cosmos et le cœur des gens. Je vous laisse trois cent soixante histoires, à relire souvent, non seulement pour apprendre la réponse à des questions surprenantes, mais surtout pour connaître ce que les autres ont voulu savoir.

P.S. : La seule question à laquelle je n'arrive jamais à répondre exactement de la même façon est « Qui suis-je? », et ce n'est pas plus mal puisque tous les jours créent des différences.

Cyrus

Légende

La Terre et l'espace, phénomènes et inventions

Les animaux, leurs habitudes et leurs particularités

Les végétaux, arbres, fleurs et tout ce qui pousse

Les gens, leur corps et leur vie

Curieuses questions

Est-ce que les carottes rendent vraiment la vue meilleure ?

Assis devant sa purée de carottes, Hilaire fait la moue.

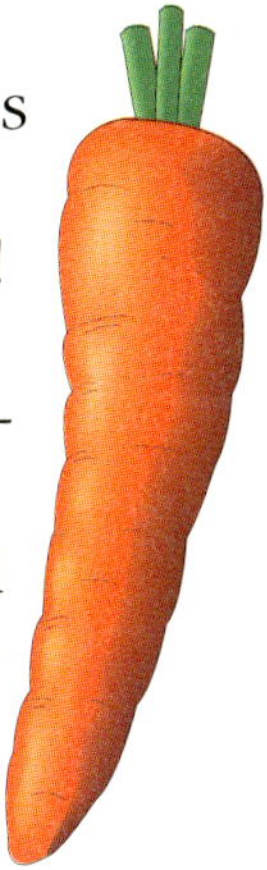

— Pourquoi faut-il manger des carottes? demande-t-il à sa mère.

— Parce que c'est bon pour la vue!

Et elle ajoute cette vieille boutade :

— La preuve : as-tu déjà vu un lapin avec des lunettes?

Hilaire ne sourit même pas. Il trouve l'humour de sa mère désespérant.

— Pourquoi les carottes sont-elles bonnes pour la vue? insiste-t-il.

Le sourire de sa maman se fige aussitôt. Elle tousse nerveusement, s'essuie inutilement le coin de la bouche avec sa serviette de table.

— Pourquoi? répète Hilaire avec une insistance un peu machiavélique.

— Euh... Va donc le demander à Cyrus, répond-elle en rendant les armes.

Hilaire se lève d'un bond et quitte la table au pas de course.

En trois enjambées, le voilà chez Cyrus. Ce dernier est occupé à biner ses rangs de carottes.

— Est-ce que les carottes rendent la vue meilleure? répète l'érudit. La réponse est oui. En quelque sorte...

Hilaire s'accroche à ces trois mots pour lui pleins d'espoir.

— Pour bien fonctionner, explique le savant, l'œil a besoin de vitamine A. Tu sais ce qu'est la rétine? demande-t-il au garçon.

— Euh, non, admet franchement Hilaire.

— C'est la membrane qui tapisse le fond de l'œil et qui est sensible aux rayons lumineux. Là se trouvent les cônes, cellules responsables de la vision en couleur, et les bâtonnets, responsables de la vision en noir et blanc.

— Quel rapport avec la vitamine A? demande le garçon, soucieux.

— La vitamine A contribue à la régénération du pourpre rétinien, une molécule qui constitue la rhodopsine, ce pigment que l'on trouve dans les bâtonnets et qui permet la vision dans la pénombre.

— Et la vitamine A, elle ne se trouve que dans les carottes? interroge Hilaire.

— La vitamine A se trouve dans le carotène, un pigment orangé que contiennent les carottes mais aussi tous les fruits et tous les légumes très colorés.

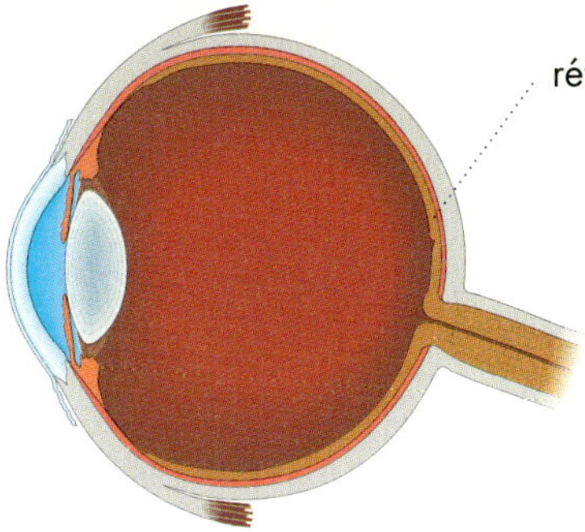

— Comme le melon d'eau? demande Hilaire, qui en raffole.

— Par exemple. Mais aussi les tomates, les oranges, les pêches, le brocoli, les asperges, le foie de bœuf, les épinards, les citrouilles, et aussi l'huile de foie de poisson.

— Pouah! À part les fruits, avoue Hilaire, il n'y a pas grand-chose que j'aime dans ce que vous avez énuméré.

— L'important, lui dit Cyrus en s'appuyant sur le manche de sa binette, c'est d'avoir une alimentation variée et équilibrée. Tu n'es pas obligé de manger que des carottes pour avoir de bons yeux. Tu dois simplement choisir des aliments dans les quatre groupes alimentaires.

— Est-ce que la vitamine A n'est bonne que pour la vue?

— Non. Elle améliore certes la vision nocturne, mais elle maintient aussi la peau et les muqueuses en santé. De plus, elle augmente la résistance aux infections, aide à la bonne santé des os et prévient l'anémie.

— Arrêtez! Arrêtez! implore Hilaire en se bouchant les oreilles. Avec tout ce que vous me dites, je n'ai pas le choix : je dois retourner à la maison et terminer ma purée de carottes.

— Pauvre garçon, le plaint Cyrus. Et en plus, à l'heure qu'il est, elle va être froide!

La première représentation picturale de lunettes, en Occident, se trouve sur une fresque datée de 1352, réalisée par l'artiste Tommaso da Modena et peinte dans l'église Saint-Nicolas de Trévise, en Italie.

Pourquoi les araignées ne se prennent-elles pas dans leurs toiles ?

Déborah observe avec attention les rosiers de sa grand-mère. Soudain, son regard est attiré par une superbe toile d'araignée tissée entre les branches d'un vieux rosier.

Une grosse araignée, noire et trapue, s'affaire en son centre. La petite fille avance un index prudent en direction de la toile aérienne qui la fascine.

— Pouah ! Ça colle ! fait-elle.

Elle entend un bruit de ciseau dans le jardin du voisin. Elle se détourne aussitôt pour se précipiter vers la haie.

— Cyrus ! lance-t-elle joyeusement. Puis-je vous poser une question?

— Bien sûr. Mes troènes attendront...

— Pourquoi les araignées ne se prennent-elles pas dans leur toile gluante?

— D'abord parce que tous les fils de la toile ne sont pas adhésifs.

Déborah se mordille la lèvre et réfléchit en fronçant comiquement les sourcils.

— Pourtant, dit-elle, je viens tout juste de toucher à une grande toile et les fils étaient collants.

— C'est que tu as mis ton doigt là où il ne fallait pas. Heureusement que tu n'es pas une mouche sinon tu serais désormais prisonnière de la toile.

— Arrêtez, Cyrus, vous me faites peur!

— L'araignée connaît bien la toile puisqu'elle l'a elle-même tissée, poursuit le savant. Elle sait sur quels fils elle peut poser les pattes sans risquer de se prendre à son propre piège. Ce sont ces fils qu'elle tisse d'ailleurs en premier.

— Pas bête, l'araignée, commente Déborah. Comment fait-elle?

— Elle commence par tisser un cadre : d'abord un triangle, puis un Y. Elle tisse ensuite d'autres fils en partant toujours du centre. Pour bien comprendre, imagine une roue. Le centre, c'est comme le moyeu, les fils sont comme les rayons. Vois-tu?

— Oui, répond Déborah, j'imagine la roue avant de ma bicyclette... Mais combien de fils tisse l'araignée?

— Cela dépend des espèces d'araignées. En règle générale, le nombre de rayons dépasse rarement cinquante.

— C'est beaucoup!

— Assez pour se prendre les pattes! rétorque Cyrus. Après avoir tissé le cadre, l'araignée tisse une première spirale temporaire à partir du centre vers l'extérieur.

— Lesquels de ces fils sont collants? demande Déborah.

— Aucun. Toutes ces étapes s'effectuent à l'aide de fils de soie qui ne collent pas. Ce n'est qu'à l'étape suivante, lorsqu'elle tisse une deuxième spirale, que l'araignée utilise des fils adhésifs. Ils sont tissés de l'extérieur vers l'intérieur.

— L'araignée ne se prend toujours pas les pattes? s'étonne Déborah.

— En tissant les fils adhésifs, elle enlève et mange les fils non collants de la première spirale, ou encore les brise avec ses griffes. L'araignée se ménage une zone libre, non adhésive, au centre de la toile et se promène entre les fils adhésifs des spirales.

— Elle ne se trompe jamais? s'étonne la petite fille. Elle n'a jamais d'accident ou de distraction?

— Certaines espèces d'araignées tisseuses de toile ont les pattes enduites d'une huile spéciale qui les empêche de coller à la soie adhésive. Ainsi ne risquent-elles pas de se prendre si elles font un faux mouvement!

— Je vais tout de même retourner observer ma toile, dit Déborah. On ne sait jamais, j'assisterai peut-être au premier faux pas de l'histoire des araignées!

— J'oubliais de te dire, ajoute Cyrus, qu'en général l'araignée fabrique une toile par jour. À la fin de sa journée, elle la mange. Elle recycle ses matériaux!

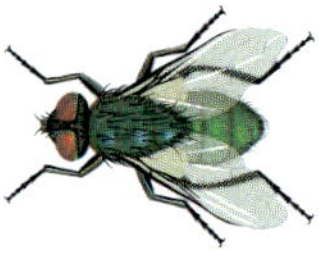

Les plus grosses araignées
de la planète sont les mygales
d'Amérique du Sud :
elles mesurent 9 cm
et atteignent jusqu'à 27 cm
si l'on compte l'envergure
des pattes.

Sous la poussière lunaire, est-ce qu'il y a de la terre ?

Trop timide pour aller chez Cyrus poser la question qui l'intrigue tant, Auguste a décidé d'écrire au cher savant. Il explique, dans sa lettre, qu'il lui est arrivé toutes sortes de surprises en creusant des trous dans la terre, dans le sable, dans la glaise. Et subitement, en creusant un autre de ses nombreux trous, la question s'est posée d'elle-même : sous la poussière lunaire est-ce qu'il y a de la terre?

Voici la réponse de Cyrus.

Mon cher Auguste,

Voici les renseignements que tu m'as demandés sur la Lune. Je résume un peu car il y en aurait long à dire. Passe me voir un de ces jours, nous en parlerons plus à fond.

Fiche signalétique de la Lune

Masse	$7{,}35 \times 10^{22}$ kg
Densité moyenne	3,34
Rayon moyen	1738 km
Pesanteur	$1{,}62\ m/s^2$
Distance moyenne à la Terre	384 400 km
Révolution synodique (lunaison)	29 j 12 h 44 min
Révolution sidérale	27 j 7 h 43 min

Sur la Lune, on trouve de la poussière lunaire. Sous la poussière, une croûte d'environ cinquante kilomètres d'épaisseur et au centre, un petit noyau, qui mesure environ trois cents kilomètres.

Tu me demandes s'il y a de la terre sous la poussière lunaire? Non, tout simplement non. La terre est le produit de la décomposition de toutes sortes d'organismes vivants. Or, la Lune est stérile. Il n'y existe aucune vie. La Lune est un astre mort.

À la surface de la Lune, on trouve quelques centimètres de poussière lunaire. Cette poussière est en fait de la roche basaltique. Savais-tu que la Lune est constamment bombardée par des micro-météorites de la grosseur d'une tête d'épingle? Ce sont ces bombardements qui fragmentent la roche basaltique de la surface de la Lune. N'ayant pas d'atmosphère pour la protéger, la Lune est également bombardée par les rayons ultra-violets du soleil. Tout cela fait que la surface de la Lune est depuis longtemps devenue poussière.

Sous la poussière, le sol lunaire semble être très dur. Des astronautes ont tenté d'y enfoncer des carottes de forage pour en prélever des échantillons, mais ils n'y sont pas parvenus.

À quelques endroits de la surface lunaire, on trouve des roches, probablement éjectées lors d'un tremblement de Lune. Ces roches sont faites de basalte et d'une sorte de granit.

Mon cher Auguste, on connaît bien peu de choses sur la composition du sol (et du sous-sol) lunaire. Dis-toi qu'il est sans doute plus facile de fouiller le sol de la Terre... Tu t'imagines en train de chercher des échantillons de sol, en combinaison d'astronaute, avec des gants gros comme des ballons?

Un truc rigolo avant de te laisser. Tu sais sans doute que c'est la Lune qui provoque les marées sur la Terre. Apprends donc que la Terre provoque elle aussi des marées sur la

Lune. Des marées de quoi? Des marées de matière! La Terre provoque des tremblements de Lune!

Nous en reparlerons. À bientôt,
Cyrus

Auguste relit la lettre pour la troisième fois. «Nous en reparlerons», écrit Cyrus... Devrait-il écrire une autre lettre pour demander un rendez-vous?

N'oubliez jamais cette date : c'est le 21 juillet 1969 que les astronautes américains Armstrong et Aldrin ont marché sur la Lune! Le 12 avril 1961, seulement huit ans auparavant, le Soviétique Youri Gagarine effectuait le premier vol spatial humain.

Pourquoi dit-on que les chats ont neuf vies ?

Rémus arrive chez Cyrus en sanglotant.

— Que se passe-t-il, mon petit Rémus? Pleure un bon coup, dit le savant. Ensuite tu me raconteras ce qui te bouleverse à ce point.

Après avoir vidé une grosse boîte de mouchoirs de papier et presque séché ses larmes, Rémus peut enfin se confier à Cyrus.

— Pacha, ma vieille chatte, est morte hier soir.

— Je comprends ton chagrin, Rémus. Mais Pacha était très vieille, quel âge avait-elle?

— Dix-huit ans, répond le garçon en reniflant. Je l'ai toujours connue. Elle existait bien avant ma naissance.

— Tu adopteras une autre petite chatte, suggère Cyrus.

— C'est Pacha que je veux, insiste Rémus, malheureux. J'espérais que ce matin elle serait de nouveau vivante, mais elle est toujours morte.

Cyrus se gratte longuement le crâne avant de répondre.

— On ne peut pas la ressusciter, dit-il doucement.

— Pourquoi dit-on que les chats ont neuf vies alors? tempête Rémus, qui se remet à sangloter.

— Il ne faut pas prendre les expressions populaires à la lettre, explique l'érudit, bouleversé par la douleur de l'enfant.

— J'étais sûr que Pacha serait de nouveau vivante ce matin, gémit le garçon.

— Cette tradition, selon laquelle les chats ont neuf vies, remonte très loin dans le temps. Elle est reliée aux pensées mystiques et religieuses autant qu'aux observations réalistes.

— Je ne comprends rien, se plaint Rémus en larmoyant.

— Le chat est fort, courageux, bagarreur, explique Cyrus. Il retombe toujours sur ses pattes. C'est une des créatures les plus tenaces qui soit, et il sait bien se protéger.

Rémus revoit Pacha et exhale un profond soupir.

— Méfiant et vigilant, poursuit le savant, le chat surveille ses pas et prend garde avant de sauter. Il ne prend aucun risque et approche les objets et les individus nouveaux avec d'infinies précautions.

— C'est vrai que les chats sont difficiles à attraper, dit Rémus.

— Toutes ces qualités ont permis à

l'animal sauvage de prolonger sa vie, est-ce que tu comprends maintenant?

Rémus hoche la tête.

— Mais la croyance dans les neuf vies des chats va bien au-delà de ces observations. Elle remonte à de fort anciennes croyances religieuses.

— Vous pensez aux Égyptiens? demande Rémus. Je sais que pour ce peuple le chat était sacré.

— Tu as raison. Mais pour beaucoup d'autres peuples anciens, tels les Grecs et les peuples nordiques, le chiffre neuf avait une connotation mystique.

— Qu'est-ce que ça veut dire?

— Chez les Grecs, par exemple, l'année lunaire ne comptait pas douze mois mais neuf. Chez les peuples nordiques, Odin, leur dieu, avait donné à Freya, la déesse de l'amour, le pouvoir sur neuf mondes. Même le christianisme a suivi cette tradition du nombre car, selon l'Évangile, le Christ est mort à la neuvième heure.

— C'est de là que viendrait cette croyance que les chats ont neuf vies?

— Elle viendrait de ces traditions, oui.

Rémus soupire de nouveau et dit :

— Merci, Cyrus. Grâce à vous, je sais maintenant que Pacha ne reviendra plus.

— En effet, elle ne reviendra plus, mais tu peux songer au nouveau petit chat que tu choisiras toi-même.

— C'est vrai que Pacha était aussi la chatte de mes parents. Le prochain sera mon chat à moi tout seul !

Il quitte la maison de Cyrus d'un pas plus léger.

On rapporte que le prophète Mahomet aimait tellement sa chatte Muezza qu'il préféra couper la manche de sa robe plutôt que de réveiller l'animal qui s'y était endormi...

Pourquoi on n'est pas nés en sachant tout ?

Cyrus marche à grands pas contre le vent. Très loin, au bout du quai, il remarque une petite silhouette bien droite. «On n'a pas idée de rester dans la tempête par un temps pareil!» se dit-il. Cyrus bifurque vers le quai. Les vagues passent par-dessus les bateaux amarrés.

Cyrus a beau appeler, la petite silhouette ne bouge pas.

«Mais c'est Grégoire!» se dit Cyrus.

— Grégoire! Grégoire, reviens! hurle Cyrus dans la tempête.

Cyrus court au bout du quai. S'il fallait qu'une vague emporte le petit!

— Grégoire, mon petit Grégoire! Qu'est-ce que tu fais là?

Grégoire se retourne, les yeux remplis de larmes.

— Je réfléchis, Cyrus, je réfléchis...

— Mais à quoi? crie Cyrus pour couvrir le bruit des vagues.

— À la connaissance.

— Ce n'est ni l'endroit ni le moment! dit Cyrus, fâché.

— Je réfléchis bien au bord de l'eau, et encore mieux dans les tempêtes, répond

Grégoire, les dents serrées.

— Rentre avec moi, dit Cyrus. Mieux que ça, je t'offre une soupe de poisson chez Po.

Devant la soupe brûlante, Grégoire raconte.

— Je sais des choses, dit-il. J'apprends des choses à l'école. Je lis. J'écoute ce que les gens disent. Je regarde la télé. Mais plus j'apprends de choses, moins j'en connais, on dirait. Pourquoi on n'est pas nés en sachant tout, Cyrus? Ce serait tellement plus simple!

— Sur le quai, Grégoire, tu avais les yeux pleins d'eau...

— C'est le sel. C'est le sel, soupire Grégoire, mais c'est aussi la tristesse. Je n'aime pas la vie qu'on fait à la maison. Et puis l'école, c'est souvent tellement moche. Heureusement, il y a les livres.

— Et si tu savais tout, Grégoire?

— Si je savais tout, je saurais quoi dire à ma mère quand elle va mal, je saurais quoi répondre à l'école au lieu de chercher longtemps, je saurais tout, Cyrus.

— Et ce serait très ennuyeux.

— Pourquoi? demande Grégoire.

— Parce que tu ne chercherais plus. Vois-tu, l'intelligence, ça se construit. Comme tes os, comme tes muscles. La connaissance, ça se développe tous les jours.

— Mais vous, Cyrus, vous savez tout!

— Non. Je cherche toujours. On ne peut pas tout savoir, Grégoire. Quand tu nais, tu sais quoi faire pour vivre une vie de bébé : tu tètes, tu bois, tu suces ton pouce, tu dors, tu fais une vie de bébé. Ensuite tu apprends à sourire, à manger, à parler, à marcher. Plus tard, tu cours, tu sautes, tu dessines, tu danses, tu écris...

— Et plus tard, on pense trop! dit Grégoire.

— On ne pense jamais vraiment trop. Le cerveau s'encrasse si on ne s'en sert pas. Il est curieux, il peut emmagasiner des tonnes d'informations. C'est le meilleur ordinateur de la planète.

— J'aime la morue, dit Grégoire en plongeant sa cuillère dans la soupe.

— Je préfère les enfants, dit Cyrus avec un rire d'ogre. J'aime les enfants, Grégoire, parce qu'ils veulent apprendre. Pense à la morue dont tu viens de prendre une bouchée. Quelques heures après sa naissance, la morue sait quoi faire pour mener une bonne vie de morue. Et ça s'arrête là. Tandis que toi, tu changes le monde chaque jour parce que tu penses, parce que tu fais des projets...

— Cyrus, on retourne voir la tempête après la soupe? demande Grégoire avec un sourire.

— Seulement si tu tiens ma main... dit Cyrus, heureux de voir enfin un sourire sur le petit visage de Grégoire.

Il y a un plaisir à apprendre quelque chose de nouveau chaque jour :
c'est une façon de ne jamais s'ennuyer profondément.

Pourquoi les chevreuils font-ils tourner leurs oreilles et pas nous ?

Le petit Léon vient d'entendre un bruit bizarre... Comme les pas de quelqu'un qui glisserait sur un plancher. Son cœur s'arrête un court moment.

— Qui est là ? demande le petit Léon.

Pas de réponse, mais, très régulier, le glissement sourd... Léon descend l'escalier sur la pointe des pieds. C'est là qu'il voit, patinant avec élégance dans la cuisine, sa sœur Léonie chaussée de chiffons.

— Léonie ! crie le petit Léon en éclatant de rire.

Sa sœur s'arrête, rouge de honte.

— Personne ne doit me voir quand je fais mes exercices !

— Je t'ai entendue et je suis venu voir, dit Léon. En fait, j'avais peur que ce soit un voleur marchant sans faire de bruit.

C'est au tour de Léonie d'éclater de rire.

— Si tu pouvais bouger les oreilles comme les chevreuils, tu aurais pu identifier le son !

— Pourquoi ils font ça, au

juste? demande le petit Léon, tâtant doucement ses oreilles.

— Va demander à Cyrus! lui répond Léonie.

Le petit Léon part au galop, entre en coup de vent chez Cyrus et lui demande de but en blanc :

— Comment font-ils, les chevreuils, pour tourner leurs oreilles?

— C'est tout simple, répond Cyrus, occupé à nettoyer sa lampe à pétrole. Ils ont des muscles autour des oreilles qui leur permettent de les bouger comme ils bougent leurs pattes. Ils dirigent leurs oreilles pour mieux capter les sons.

— Et si moi, je veux faire la même chose? demande le petit Léon.

— Essaie! Place tes mains en coupe devant tes oreilles et installe-toi en tournant le dos à Gratte-Bedaine. Tu l'entendras ronfler derrière toi bien plus clairement. Si tu places tes mains derrière tes oreilles, tu percevras mieux les sons devant toi. Tes mains sont alors comme des entonnoirs dans lesquels s'engouffrent les sons.

— Comme les oreilles des chevreuils?

— Exactement.

— Mais pourquoi eux et pas nous? J'aimerais bien faire bouger mes oreilles, dit tristement le petit Léon.

— Parce qu'ils en ont besoin plus que nous. Grâce à leurs oreilles si agiles, les chevreuils peuvent rester aux aguets en broutant tranquillement. Pour tous les cervidés, les cerfs, les caribous, les orignaux, c'est la même chose.

— Et les vaches, elles? Elles broutent aussi aux aguets?

— Non. Les vaches sont domestiquées, elles n'ont plus besoin d'avoir peur de l'ennemi, d'un prédateur. Alors, les muscles de leurs oreilles se sont atrophiés. Elles ne peuvent plus bouger les oreilles parce que ce n'est plus nécessaire pour elles.

— Quand quelque chose ne sert plus dans la nature, il disparaît? demande encore Léon.

— Oui, mais pas tout d'un coup. Cela se fait lentement, génération après génération.

— Alors, conclut Léon, peut-être que mon ancêtre préhistorique pouvait lui aussi bouger les oreilles pour entendre venir l'ennemi?

— J'en serais bien surpris, mon petit Léon... dit Cyrus.

— Moi, j'aimerais bien avoir des oreilles dirigeables pour entendre venir les voleurs, dit Léon. Je les surprendrais et je les attacherais très serré jusqu'à ce que mes parents reviennent.

— Entends-tu ce que j'entends? dit Cyrus en plaçant ses mains en coupe derrière ses oreilles.

Le petit Léon fait de même et écoute, attentif.

— C'est Léonie qui m'appelle pour dîner! dit le petit Léon.

Et il repart aussi vite qu'il est venu.

Il ne faut pas croire que les bois des chevreuils allongent chaque année un peu plus. Non, les bois des cervidés tombent et repoussent chaque année.

Qu'y a-t-il de l'autre côté d'un trou noir ?

— Cyrus, dit Camille d'un air sombre en regardant le ciel, il fait noir partout !

— Et c'est la raison pour laquelle je te reconduis chez toi, dit Cyrus en riant. Je n'aime pas que les petites filles se promènent toutes seules le soir.

— Il est seulement six heures, marmonne Camille.

— Il est six heures, c'est l'hiver et il fait noir...

— Justement ! coupe-t-elle. Comment alors peut-on savoir où se trouvent les trous noirs ? C'est du noir qui cache du noir !

— Pardon, chère Camille ! C'est du noir qui cache un morceau de galaxie. Sais-tu d'abord ce que c'est, un trou noir ?

— C'est une étoile morte, dit fièrement Camille. Mais morte de quoi, ça, je ne le sais pas. Au fait, Cyrus, de quoi meurt une étoile ?

— Une étoile meurt de vieillesse, comme tout le monde. L'étoile s'épuise et elle explose. Selon sa grosseur, elle peut devenir une naine blanche, une étoile à neutrons ou un trou noir. Dans le cas d'un trou noir, il s'agit d'une très grosse étoile qui possédait de trois à cinq fois la masse du Soleil. Après l'explosion, il ne reste que le noyau de l'étoile. Ce noyau se contracte et devient très dense, comme si sa matière devenait très serrée, très compacte. Sa force d'attraction est alors tellement forte que rien ne peut s'en échapper, même pas la lumière!

— Même pas une poussière?

— Rien, absolument rien, répond Cyrus. Les trous noirs sont donc très difficiles à détecter, puisqu'on ne les voit pas et qu'ils ne dégagent aucune lumière. Ils ne mesurent pas plus que deux kilomètres de diamètre.

— Comment sait-on qu'ils existent, alors? demande encore Camille.

— Comme leur force d'attraction est très grande, dit Cyrus, des étoiles peuvent tourner autour d'eux. On essaie de deviner où se trouvent les trous noirs en observant une étoile qui gravite autour de quelque chose qu'on ne voit pas.

— Mais l'étoile peut être avalée par le trou noir! s'exclame Camille.

— Tout à fait juste.

— Si c'est tout noir, comment peut-on savoir ce qu'il y a derrière? dit Camille.

— Derrière un trou noir, l'univers continue. Dans notre galaxie, la Voie lactée, il y a environ deux cents milliards d'étoiles. Est-ce que, chaque fois que tu regardes le ciel, tu te demandes ce qu'il y a derrière une étoile? demande Cyrus.

— Bien sûr que non, dit Camille en riant. Derrière les étoiles, il y a d'autres étoiles...

— Et derrière les trous noirs, il y a d'autres étoiles...

— Et d'autres trous noirs! dit encore Camille.

— Je te dirai, ma chère Camille, que l'on étudie très attentivement le comportement des grosses étoiles. La vie d'une étoile est très longue, mais sa transformation en trou noir se passe en quelques millisecondes.

Camille lève les yeux vers le ciel étoilé.

— Cyrus, fait Camille d'une toute petite voix. Cyrus, j'ai peur.

— Je suis là, dit Cyrus.

— Oh! je n'ai pas peur du noir, murmure-t-elle. J'ai peur que le Soleil se transforme en trou noir. La Terre serait avalée d'un coup et ce serait la fin du monde!

— Rassure-toi, ma Camille, dit Cyrus. Le Soleil n'est pas assez massif pour se transformer en trou noir. Au pire, il se transformera en naine blanche, et son champ gravitationnel, sa force d'attraction, ne sera jamais assez fort pour nous aspirer. La Terre tournera encore autour.

— J'ai eu peur! souffle Camille. Je préfère cent fois tourner autour d'une naine blanche qu'autour d'un trou noir.

— Ce n'est pas pour demain! dit Cyrus en riant. Et te voilà chez toi.

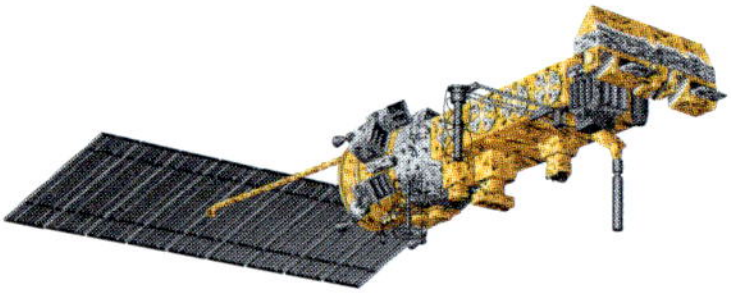

On ne peut pas voir un trou noir. Mais on peut se douter qu'il existe. C'est ce qui est arrivé en 1971. Des satellites américains effectuaient des recherches sur les rayons X. On s'aperçut alors de la présence, dans la constellation du Cygne, d'un trou noir qui possédait une masse dix fois plus grande que celle du Soleil.

Pourquoi le sang attire-t-il les requins ?

Épouvantée par les images qui défilent devant ses yeux, Bérénice décide de fermer le téléviseur.

— Quel film horrible, murmure-t-elle en frissonnant. Et moi qui restais là, comme une idiote, à le regarder quand même!

Elle s'en veut d'avoir écouté les conseils de son grand frère, qui lui avait affirmé que ce film était génial. Les images l'ont imprégnée et Bérénice éprouve une violente nausée.

— Il faut à tout prix que je me change les idées, se dit la petite fille.

Elle s'empare de sa veste en cuir fauve et sort. Dehors l'air est frais et le ciel est clair. Elle jette un coup d'œil à sa montre et enfourche sa bicyclette.

— Chez Cyrus! lance-t-elle à son moderne destrier.

Elle trouve le savant chez lui, occupé à préparer une paella.

— Pourquoi les requins sont attirés par le sang? répète le savant en nettoyant ses calmars. C'est simple, parce qu'ils sont carnivores et que la chair animale contient du sang.

— C'est horrible!

— Non. Beaucoup d'animaux sont carnivores, tu sais. Pour survivre, ils doivent se nourrir de la chair d'autres animaux. C'est la vie.

— C'est tout de même horrible, insiste Bérénice, encore bouleversée par le film.

— C'est grâce à leur odorat extrêmement développé que les requins décèlent la présence des poissons dont ils se nourrissent.

— Les requins ont un bon flair, s'étonne Bérénice. Plus que les chiens?

— Beaucoup plus. On dit que leur odorat leur permet de flairer dans l'eau de mer une quantité de sang aussi petite qu'une partie par million.

— Ça veut dire quoi? demande la petite fille, sceptique.

— C'est comme si le requin pouvait retrouver facilement une aiguille dans une botte de foin!

— Ah! ça c'est impressionnant, en effet. Effrayant aussi.

— Oui, surtout si l'aiguille en question est un baigneur!

— Arrêtez, Cyrus, vous me donnez froid dans le dos...

— Le système olfactif du requin est situé sous son nez, là où se trouvent les narines. Il est fait de capsules olfactives qui pénètrent à l'intérieur de la chair. Ces capsules sont parcourues de cils nerveux reliés au cerveau.

— Et le sang? demande Bérénice.

— Il provoque une grande excitation chez le requin.

Bérénice frissonne malgré elle.

— Ce que le requin perçoit avec ses capsules olfactives, c'est l'hémoglobine et l'albumine contenues dans le sang. Il sait alors qu'il va trouver bientôt à manger et cela lui procure un grand plaisir. Un peu comme lorsque ta mère te prépare ton repas favori.

— Hum... fait Bérénice, qui n'apprécie guère la comparaison.

— La préparation de cette paella pour les amis que je reçois ce soir me procure également une grande joie, conclut Cyrus en souriant.

— Moi, toutes ces histoires m'ont plutôt coupé l'appétit! dit Bérénice.

— Je ne m'inquiète pas trop, avoue le savant en brossant ses moules espagnoles. L'appétit va te revenir. C'est bien connu, les enfants en santé ont un appétit de requin!

Tous les requins ne sont pas de dangereux mangeurs d'hommes. Les deux plus longs requins, le requin-baleine et le requin-pèlerin, sont d'inoffensifs mangeurs de plancton. En fait, dans le monde, les serpents venimeux représentent statistiquement un danger beaucoup plus grand.

À combien de kilomètres sont rendus les restes du big bang?

Cyrus reçoit quelques amis à déjeuner. Les enfants sont passionnés par ce que leur raconte l'érudit. Cyrus est tellement lancé dans de grandes explications qu'il en oublie la casserole de soupe qui bientôt déborde.

— Cyrus! La soupe! s'écrie Félix.

Le savant se lève d'un bond et se précipite dans la cuisine.

— Ouille! se lamente Cyrus. Que je suis maladroit!

— Oh! Quel dégât! dit Baptiste en entrant à son tour dans la cuisine.

En entendant le mot «dégât», les trois autres enfants se précipitent pour mieux voir.

— Retournez dans la salle à manger, leur conseille le savant, j'en ai pour quelques minutes et je vous rejoins.

Dix minutes plus tard, Cyrus et ses amis sont de nouveau attablés.

— Cette casserole qui a débordé, explique l'hôte, ça vous permet de comprendre comment s'est produit le big bang.

— Le big bang? répète Anastasie.

— Oui. La gigantesque explosion cosmique qui est à l'origine de notre monde.

— Cyrus, racontez-nous le big bang, implore Félix.

— On parle d'une sorte de soupe chaude, bouillante...

— Une soupe d'étoiles? demande Anastasie.

— En quelque sorte. Oubliée sur la cuisinière cosmique, la soupe n'a pas collé mais explosé!

— D'où le bang! conclut Timothé. Mais alors, il n'y avait plus rien?

— Dix secondes après le grand bang, et pendant les quatre cent mille années qui vont suivre, on assiste à la reconstruction du monde, constitué d'atomes d'hydrogène et d'atomes d'hélium, la matière première des étoiles.

— Comment ça se passe, pratiquement? demande Anastasie.

— Les atomes vont s'unir les uns aux autres pour former de la poussière. Celle-ci va se rassembler en vastes nuages qui formeront les premières étoiles et les premières galaxies. À l'intérieur de ces nuages, la pression est tellement grande que le feu nucléaire va prendre tout seul.

— Et la Terre dans tout cela? s'interroge Félix.

— Il ne faut pas oublier que nous sommes aussi constitués des restes du big bang!

— Les restes? répète Timothé en regardant son assiette.

— Lors de la grande explosion, les particules sont parties dans toutes les directions pour constituer l'univers tel que nous le connaissons.

— Mais où sont rendus les restes du big bang? demande Anastasie.

— D'après les informations les plus récentes, les particules les plus éloignées se trouveraient à quinze milliards d'années-lumière.

— Qu'est-ce que c'est une année-lumière? demande Félix.

— C'est la distance que parcourt la lumière dans le vide pendant un an. Comme la lumière voyage à trois cent mille kilomètres par seconde, une année-lumière équivaut à dix mille milliards de kilomètres par seconde!

— J'ai du mal à imaginer une telle vitesse, dit Anastasie en se concentrant sur son escalope de veau.

— Est-ce qu'on peut voir le bout de l'univers avec un télescope? s'enquiert Timothé.

— Pas pour le moment, mais si on arrivait à créer des télescopes plus puissants, peut-être verrions-nous que l'univers a plus que quinze milliards d'années, qui sait? conclut Cyrus en se levant pour aller chercher le dessert.

Voici les diamètres respectifs des planètes. À partir du Soleil, on trouve : Mercure : 4 880 km, Vénus : 12 100 Km, la Terre : 12 700 km, Mars : 6 800 km, Jupiter : 140 000 km, Saturne : 120 000 km, Uranus : 51 000 km, Neptune : 49 000 km, et Pluton : 2 200 km, Ces diamètres sont approximatifs.

Quel est l'ancêtre du premier arbre ?

Olaf se ronge désespérément les ongles. Il n'a plus le choix : il devra aller chez Cyrus.

— Entre vite, lui dit Cyrus, qui l'a vu venir sous la pluie. Tu aurais dû m'appeler !

— Notre téléphone est en panne ! Oh ! tout va mal, Cyrus ! Mon frère est parti avec l'encyclopédie, le téléphone est mort et...

— Et tu as encore proposé un sujet de recherche trop gros pour tes moyens ?

Olaf lève un regard gêné.

— Juste à voir tes ongles, poursuit Cyrus, on comprend que ça te pose de sérieux problèmes. Installe-toi, Olaf, et raconte-moi tout.

— J'ai dit à mon prof que je trouverais de quelle plante vient le premier arbre, explique Olaf d'une petite voix. Et mon frère m'a dit qu'il venait plutôt d'une algue.

— Ton frère a parfaitement raison.

— Quoi faire, alors ? demande Olaf.

— Tu vas commencer ton travail en disant : « Vous pensez tous que le premier arbre vient d'une plante? Je vous prouverai que non! » Et tu vas les surprendre!

— Génial! dit Olaf en retrouvant son sourire.

— Prenons cela au début. Il y a entre cinq cents et quatre cents millions d'années, apparaissent les premiers êtres vivants de la Terre, les algues bleues, dont le nom scientifique est cyanobactéries, des organismes faits d'une seule et unique cellule. Tu comprends que c'est du genre aquatique, et microscopique... Ce sont les algues bleues qui ont commencé à constituer notre atmosphère respirable.

— Génial! répète Olaf en notant tout ce que dit Cyrus.

— Petit à petit, elles se transforment et engendrent les premières plantes, sortes de lichens, qui sont munies de crampons pour s'accrocher aux roches. Ensuite, ce sont des plantes qui ressemblent à nos fougères qui poussent, sur les rivages d'abord. À mesure que la végétation évolue, elle s'adapte. De nouvelles plantes s'installent dans des milieux plus secs.

— Pendant tout ce temps-là, il n'y avait personne? murmure Olaf.

— Pas un chat! Pas encore la moindre trace de vie animale. Il y a entre trois cent quarante et deux cent trente-cinq millions d'années, se développent des plantes qui pourront atteindre trente mètres de hauteur. D'immenses forêts recouvrent la Terre. C'est là que naît, il y a deux cent soixante millions d'années, le plus vieil arbre connu, le ginkgo biloba.

— Il existe encore, le ginkgo! dit Olaf. Il y en a un derrière chez moi!

— Parfait! Tu pourras en apporter quelques feuilles à l'école et te vanter de posséder chez toi un cousin du plus vieil arbre du monde!

— Génial! dit encore Olaf en continuant à tout noter.

— Si on résume, c'est assez simple : les algues bleues préparent l'atmosphère, les plantes primitives se développent et préparent le terrain pour des plantes plus évoluées. Et cette grande famille végétale ouvre la voie au développement des

animaux, jusqu'à l'apparition de l'homme.

— Très simple, dit Olaf, mais assez long...

— ... et génial! répond Cyrus.

Le fossile de la plus vieille plante terrestre a 420 millions d'années. On l'a trouvé aux États-Unis. La plus vieille plante à fleurs, un peu plus jeune, a 135 millions d'années.

Comment les animaux font-ils pour bien jouer leur rôle dans les films ?

— Cyrus, fait Samuel, je suis découragé !

Il baisse les yeux sur son chien Cerbère.

— Il ne veut rien faire. J'espérais pourtant le dresser aussi bien que Lassie ou Rin Tin Tin. Comment font ces animaux pour bien jouer leur rôle dans les films?

— Viens, propose le savant en prenant la laisse de Gratte-Bedaine. Allons nous promener. J'en profiterai pour répondre à ta question.

— Bonne idée. Ici Cerbère !

— Au cinéma, il y a des animaux qui apprennent leur rôle et d'autres qui ne font que réagir à quelque chose. C'est là qu'intervient le dresseur : c'est lui qui apprend quelque chose à l'animal ou qui le fait réagir.

— Ce n'est pas facile d'être dresseur, soupire Samuel. J'en sais quelque chose !

— Il faut beaucoup de patience

et aimer les animaux. Les chiens que l'on voit dans les films connaissent habituellement beaucoup de choses avant d'apprendre un rôle.

— Comme rapporter des objets?

— Ils savent bien sûr rapporter des objets, mais surtout obéir à des ordres aussi différents que *assis*, *couché*, *marche* ou *saute*.

— Hum, songe Samuel. Je devrais peut-être commencer par là.

— Ensuite, si Cerbère a un peu de talent, tu pourras aller plus loin, dit Cyrus.

— Il faut que le chien ait du talent?

— Oui, mais les animaux n'ont pas tous les mêmes talents. Il arrive que, dans certains films, on ait recours à plusieurs animaux identiques pour jouer un seul rôle.

— Cerbère a une tête de mule!

— Tu sais, lui dit Cyrus, les chiens les plus doués ne sont pas les plus faciles ni les plus sages. Ce sont souvent des chiens difficiles à contrôler.

— Dans ce cas, Cerbère a sûrement beaucoup de talent, croyez-moi!

— Il faut un dresseur capable de canaliser l'énergie de ces chiens. Tu sais, Samuel, ça demande beaucoup d'énergie pour reprendre plusieurs fois de suite la même scène, le même mouvement.

— Est-ce que le dresseur est toujours présent durant le tournage?

— Oui, il est toujours là. Si le chien doit avancer vers la caméra, par exemple, le dresseur est derrière celle-ci et donne l'ordre au chien de venir l'y rejoindre.

— C'est lui qui dirige le travail du chien, si je comprends bien, et non pas le réalisateur!

— C'est le dresseur, et non le chien, qui reçoit le scénario et qui le lit. S'il comporte des scènes qu'on ne peut réaliser avec l'animal ou si le temps presse, on apporte des corrections. Le travail du dresseur est capital.

— Pouvez-vous me donner certains trucs? implore le garçon.

— Si le chien doit se rendre d'un point A à un point B et revenir au point A, le dresseur fait le chemin plusieurs fois avec lui, jusqu'à ce que l'animal réussisse à le faire seul.

— Et alors, il le récompense.

— C'est très important de récompenser l'animal qui a bien travaillé et dont on est satisfait. Une caresse suffit bien souvent.

— C'est vrai, admet Samuel en caressant la tête de son chien. Mais pour les autres animaux comme les chats?

— Pour entraîner un chat, c'est beaucoup plus difficile. C'est un animal indépendant. De plus, il oublie rapidement ce qu'on lui a appris pour un film, alors que le chien, lui, s'en souviendra plusieurs mois plus tard.

— Merci, Cyrus, dit Samuel. Je crois que dorénavant je vais être plus patient avec ce pauvre Cerbère.

— Tu as compris. En matière de dressage, la patience est la clé du succès.

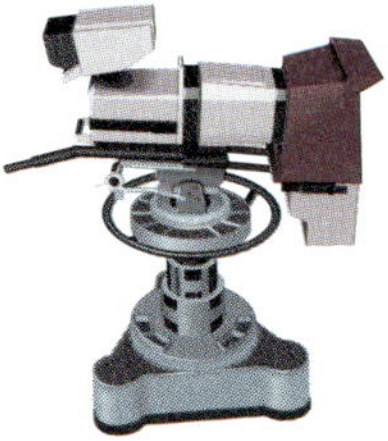

Les seuls chiens à n'avoir jamais accepté le domestication sont les pariahs. Ces chiens, dont la race est plusieurs fois millénaire, sont répandus en Inde, en Asie et sur le pourtour de la Méditerranée. Généralement hauts sur pattes, ils ont les oreilles particulièrement mobiles et le poil roux ou jaune sale.

Comment se forment les mirages ?

Léa marche en regardant très loin devant elle, au point de ne plus savoir où elle pose le pied. «J'en verrai un pourtant, j'en verrai un, moi aussi!» Arrive ce qui devait arriver : elle met le pied dans un trou, se tord la cheville et se met à hurler.

Gratte-Bedaine, qui remorquait un Cyrus distrait, s'élance dans la direction d'où viennent les cris.

— Pas si vite, Gratton! crie Cyrus.

Mais Gratte-Bedaine n'a jamais su résister à la voix de Léa. Très vite, il arrive sur les lieux de l'accident, Cyrus soufflant derrière lui.

— Il n'y a rien, ma chouchoute, dit Cyrus en palpant la cheville de Léa. Rien du tout. Tu ne regardes pas où tu mets les pieds?

— Non, fait-elle en hoquetant. Je voulais voir un mirage...

— Un mirage! Et quoi encore? Des anges descendus du ciel? dit Cyrus en riant.

— Mais non! Il y a des gens qui voient de faux dromadaires dans le désert. Ce sont des mirages. Quelqu'un me l'a dit.

— Qui?

— Mon amoureux... murmure Léa à l'oreille de Cyrus.

— Assieds-toi à côté de moi et je te parlerai des mirages, dit Cyrus. Je ne pense pas que tu puisses en voir en pleine ville, même si ton amoureux te l'a dit.

— Mais... réplique Léa.

— Mais en revanche, tu as déjà dû voir sur la route, l'été, une flaque d'eau qui avance à la même vitesse que toi.

— Oh oui! J'en ai vu souvent! s'empresse de répondre Léa. On dirait un miroir...

— En fait, dit Cyrus, c'est un reflet du ciel dans un miroir d'air...

— Un miroir d'air? s'exclame Léa.

— Le miroir d'air est fait d'une couche d'air chaud, très près du sol, et d'une couche d'air froid juste au-dessus. Les rayons de lumière traversent l'air froid et butent sur la couche d'air chaud. Ils changent de direction et remontent vers le ciel. Exactement comme dans un miroir.

— Un peu comme sur l'eau, parfois? demande Léa.

— Un peu comme sur l'eau. La couche d'air chaud fait dévier les rayons lumineux.

— Comme de l'huile qui flotte sur l'eau?

— C'est un peu la même chose, répond Cyrus. Mais il y a plus... Parfois c'est le contraire : quand l'air froid est auprès du sol et que l'air chaud est juste au-dessus, le miroir agit de la façon inverse. Au lieu d'un reflet du ciel, c'est le reflet d'un objet...

— ... ou d'un dromadaire?

— ... ou d'un dromadaire, qui est projeté vers le sol. On peut donc voir le reflet de n'importe quoi, situé à des kilomètres de distance. Cela se passe souvent dans l'Arctique.

Gratte-Bedaine s'est couché sur le pied de Léa. Il ronronne comme un chat.

— Cyrus, dit Léa avec un sourire terriblement charmeur, est-ce que c'est le mirage de Gratte-Bedaine que je sens sur mon pied?

— Coquine! C'est un bon gros saint-bernard en chair et en os qui veut guérir ton pied... Léa passe doucement la main dans la fourrure épaisse de Gratte-Bedaine.

— Reste-là, mon bon chien, dit-elle.

— Je vais chercher de la glace, dit Cyrus. C'est plus efficace qu'un chien...

— Il est vraiment très gentil, votre Gratton ! dit Léa.

Gratte-Bedaine laisse échapper un soupir. Il ferait tout pour sa Léa. Même tolérer son amoureux...

Les mirages sont des illusions visuelles. Il existe aussi des illusions auditives : à cause de vibrations particulières, on a l'impression d'entendre des sonneries, des cloches ou même la voix de quelqu'un.

Est-ce que les baleines dorment?

« Il fait noir, c'est la nuit, je ne dors pas, se dit Arthur, et j'ai fait un cauchemar. »

Pas un bruit dans la maison. De temps à autre, un ronflement : c'est sa mère. Arthur vient de faire le pire cauchemar de sa vie. Il avait été avalé par une baleine qui lui répétait inlassablement : « Bonsoir, mon petit Jonas, bonsoir. Installe-toi vite, j'ai très sommeil... Bonsoir, mon petit Jonas, bonsoir. Installe-toi vite... »

Heureusement, le soleil se lève rapidement. Arthur s'habille sans bruit, sort de la maison à cinq heures cinquante et marche jusque chez Cyrus. Gratte-Bedaine l'entend et se met à aboyer très fort. Cyrus descend, tout endormi, et découvre Arthur, très droit, sur le pas de la porte.

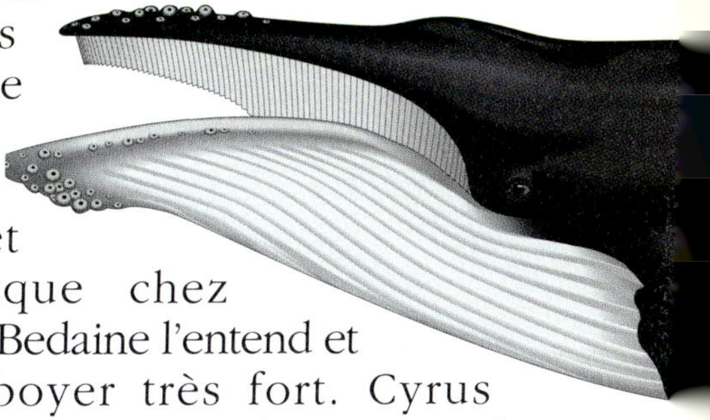

— Il est un peu tôt, dit Cyrus en bâillant.

— Je veux savoir quelque chose, dit Arthur. Cyrus, demande-t-il d'un ton de conspirateur, est-ce que les baleines dorment?

— Que dirais-tu d'un bol de chocolat, mon petit Arthur? demande Cyrus. On discutera des baleines à la cuisine.

Dans la cuisine, Arthur ne dit pas un mot. Cyrus fouette le chocolat en sifflotant.

— Les baleines, mon cher Arthur, ne dorment pas d'un sommeil aussi profond que nous. On croit que, pour les animaux qui vivent en eau salée, les besoins de sommeil sont moins importants, parce qu'ils subissent moins les effets de la gravité que les habitants de la terre ferme.

— Vous dormiez dur, Cyrus? demande timidement Arthur.

— Pas vraiment... Gratte-Bedaine remuait depuis un moment. N'est-ce pas, mon Gratton?

Gratte-Bedaine remue la queue et approche son museau de la casserole de chocolat.

— Ce qui est curieux, poursuit Cyrus, c'est que les baleines et les dauphins dorment souvent d'un demi-sommeil. Un des côtés du cerveau dort pendant que l'autre côté reste éveillé. Chaque moitié du cerveau fait le guet tandis que l'autre se repose.

— Comme vous dites, c'est curieux, dit Arthur.

— Elles dorment souvent, faisant plusieurs courtes siestes par jour. Elles dorment à la surface de l'eau, pour laisser leur évent hors de l'eau.

— Sinon elles ne pourraient pas respirer...

— Très exactement, dit Cyrus. Leur rythme respiratoire ralentit, elles ferment les yeux et elles dorment. Tu sais qu'elles attrapent même des coups de soleil quand elles dorment trop longtemps?

— Est-ce que c'est la même chose pour tous les cétacés? dit Arthur en humant son bol de chocolat.

— Non! dit Cyrus. Le dauphin dort la nuit. Le jour, il mange et il s'amuse. La nuit, il peut dormir huit heures sans cesser de nager. Les épaulards, eux, se laissent flotter paresseusement le jour, mais ils sont actifs la nuit. Celui qui dort le plus profondément, c'est le cachalot.

Arthur prend une gorgée de chocolat et regarde Cyrus avec de grands yeux éblouis.

— Vous en savez des choses! dit-il.

— Mais il y a une chose que je ne sais pas... dit doucement Cyrus. Pourquoi tu es venu, à six heures du matin, me demander si les baleines dorment...

— À cause d'un cauchemar, répond Arthur.

Et, le nez penché au-dessus de son bol, il raconte l'histoire de son cauchemar et de la baleine qui disait : « Bonjour, mon petit Jonas... »

La baleine bleue, de son vrai nom le rorqual bleu, est le plus grand animal de la Terre. Contrairement aux vraies baleines, le rorqual porte un aileron sur son dos. C'est une espèce qui se raréfie rapidement, et qui est donc en danger d'extinction.

Pourquoi l'urine est-elle jaune ?

Atterrée, Ruby regarde l'eau de la cuvette des W.-C., rougeâtre, d'une couleur peu habituelle.

— Je suis sûrement malade! s'écrie la petite fille.

Elle s'en inquiète auprès de sa mère, qui éclate de rire.

— Ne t'en fais pas, lui répond-elle, c'est à cause de la salade de betteraves que tu as mangée. Tes urines redeviendront bientôt de leur couleur normale : jaunes.

Ruby prend alors conscience de ce qui l'a effrayée : le changement.

— Le pipi est toujours jaune, dit-elle à sa mère. Pourquoi pas bleu, vert ou rouge?

— Ça, lui répond celle-ci, tu devrais plutôt le demander à Cyrus. Moi, je l'ignore.

Ruby trouve le savant au parc, installé devant un jeu d'échecs.

— Pourquoi le pipi est-il jaune? chuchote-t-elle.

— Hum..., grommelle Cyrus en déplaçant un pion. La couleur jaune de l'urine est due à l'hémoglobine, une protéine qui donne sa couleur rouge au sang.

— Pourquoi l'urine n'est-elle pas rouge alors?

— Parce qu'elle est très fortement diluée. L'urine se compose à quatre-vingt-quinze pour cent d'eau.

— D'eau! s'étonne Ruby. Et les cinq autres pour cent?

— Ils contiennent des excédents de sodium, de potassium, de chlore, de calcium, de sulfates, de phosphates, etc. Je vais t'expliquer. Le sang passe dans le foie afin d'y être filtré. Le foie élimine les déchets contenus dans le sang. Il traite chimiquement une partie de l'hémoglobine et la transforme en bilirubine, d'un rouge orangé.

— Pas jaune?

— Non. La bilirubine fait tout un chemin dans l'organisme avant d'être éliminée par l'urine. Elle est d'abord expulsée dans la bile sous forme de déchet, puis stockée dans la vésicule biliaire et enfin éliminée dans les urines.

— D'où vient l'urine, alors? demande Ruby.

— Elle est produite par les reins, qui servent à filtrer le sang et à le débarrasser de ses déchets, explique l'érudit.

— D'où viennent ces déchets?

— Des cellules de notre corps qui consomment des calories pour produire de l'énergie, et rejettent ce qui n'est pas utile. Les déchets circulent dans le sang avant d'arriver aux reins.

— Les reins servent-ils à autre chose qu'à éliminer les déchets? demande la petite fille.

— Oui. Ils équilibrent aussi la quantité d'eau contenue dans l'organisme. C'est pourquoi la couleur des urines varie.

— C'est vrai que mon pipi est plus jaune le matin que l'après-midi, admet Ruby, qui s'est toujours demandé pourquoi.

— C'est que, pendant la nuit, tu ne manges ni ne bois. Ton organisme a besoin de conserver une certaine quantité de liquide, les reins produisent donc une urine plus concentrée. Par contre le jour, si tu bois beaucoup d'eau, les reins l'éliminent et la couleur de tes urines est plus claire.

— Oui, dit Ruby, mais elle est toujours jaune, jamais bleue!

— Tes urines pourraient être bleues si tu avalais du bleu de méthylène, par exemple.

— Qu'est-ce que c'est que ça?

— Un liquide antiseptique, de couleur

bleue. Il est utilisé comme désinfectant. Les colorants que tu avales changent la couleur de tes urines. Si, par exemple, tu absorbes certaines vitamines du groupe B, ton urine est plus orangée.

— Cyrus, je pourrais faire des pipis arc-en-ciel? demande Ruby en éclatant de rire.

Dans les palais minoens (Crète), on a découvert des installations sanitaires remontant à 1800-1400 av. J.-C. et qui prouvent que les Crétois connaissaient la chasse d'eau. Elles étaient si parfaites qu'il a fallu attendre le XXe siècle pour faire mieux!

Qui a inventé les lunettes?

— Je veux bien lire ton poème, Imogène, mais il me faudrait mes lunettes! dit Cyrus.

Pendant que Cyrus s'affaire à retourner sa table de travail à l'envers, Imogène va chercher dans le salon.

— Qu'est-ce que les gens faisaient, avant l'invention des lunettes? crie-t-elle très fort de la pièce voisine.

— Ils devaient grogner souvent, parce que moi, sans mes lunettes, je grogne! crie Cyrus encore plus fort.

Imogène trouve rapidement les lunettes de Cyrus, bien en évidence sur une petite table de marbre noir. Elle les cache dans sa poche et vient rejoindre Cyrus.

— Tu les as trouvées? demande-t-il.

— Peut-être, fait-elle avec un sourire moqueur. Je vous les donnerai si vous me faites une faveur...

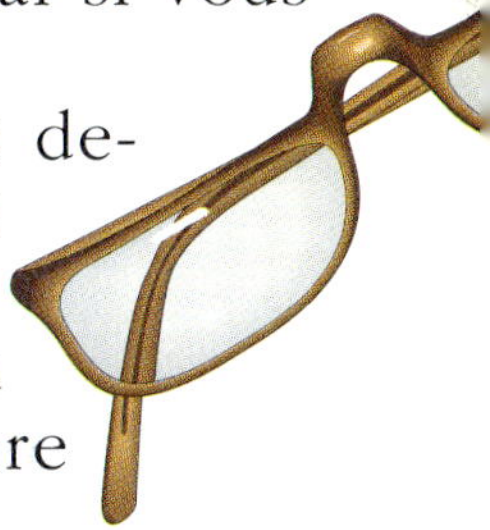

— Laquelle? Tu m'as déjà demandé de corriger ton poème! dit Cyrus.

— Celle de m'expliquer d'où viennent les lunettes, déclare Imogène.

— De Ibn al-Haytham, dit Alhazen, répond Cyrus. Tu me les donnes, maintenant?

— De quoi? précise Imogène.

— De Ibn al-Haytham, dit Alhazen. C'est la réponse, dit Cyrus.

— Ce n'est pas une réponse! fait Imogène, un peu fâchée.

— Tu t'es fait prendre à ton propre piège? dit Cyrus en riant. Ibn al-Haytham, dit Alhazen, est un physicien arabe qui, vers l'an 990, a créé des verres à surfaces arrondies. Ce qu'on ne sait pas, c'est s'il s'en servait comme verres correcteurs. Plus tard, en 1275, Marco Polo signale que les Chinois utilisent des lunettes pour corriger la vue.

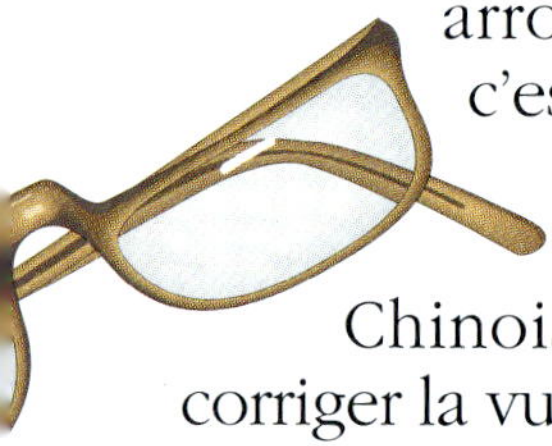

— Marco qui? demande Imogène.

— Marco Polo, un des grands aventuriers de l'époque. Je te raconterai son histoire un autre jour. Au même moment en Italie, vers 1285, un physicien du nom de Salvino Armato met au point les vraies premières lunettes pour corriger un problème de vision qu'il a depuis qu'il a fait des expériences avec la lumière. Ce sont des lunettes qui corrigent la presbytie.

— Quand on voit mal de près? demande Imogène.

— Comme moi, répond Cyrus. En fait, ce n'est que cent ans plus tard, au XIVe siècle, qu'on invente les lunettes qui corrigent la vision éloignée, la myopie. Les lunettes deviennent très populaires. Mais ce sont des lunettes très rudimentaires : deux cercles de verre retenus ensemble par une armature de métal.

— Ça tenait comment?

— Sur le nez, tout simplement, dit Cyrus. Ce n'est qu'au XVIIIe siècle qu'on crée les montures qui s'appuient sur les oreilles et...

— C'était pourtant la seule façon! s'exclame Imogène.

— Et encore, c'étaient des cordes ou des lanières de cuir qui retenaient les lunettes! dit Cyrus.

— Mais comment on sait tout ça puisque ça fait des siècles et des siècles? demande Imogène, tout à coup très intriguée.

— Parce que des gens comme Marco Polo ont écrit ce qu'ils ont vu, parce que des gens curieux comme toi cherchent dans les livres anciens tout ce qui a été dit sur la vie avant nous, et aussi parce qu'on voit, dans des dessins et dans des peintures anciennes, des personnages qui portent des lunettes.

— Voici vos lunettes! Vous les avez bien méritées! À moins que vous n'ayiez besoin d'une loupe! dit Imogène en éclatant de rire. Et voici mon poème...

C'est un Anglais, Hershell, qui a été, au début du XIXe siècle, le premier à avoir l'idée d'un verre correcteur posé directement sur l'œil. Frick, un Suisse, a mis au point le principe en 1887.

Est-ce qu'un poisson rouge peut voir à travers son bocal?

—Je suis prêt! déclare Zénon en admirant dans la glace son nouveau costume de magicien.

Il jette un coup d'œil à Gontran, son poisson rouge.

— Comment me trouves-tu, Gontran? Si tu savais comme j'ai la trouille.

Zénon colle son nez au bocal et observe son petit protégé.

— Je vois mon poisson à travers le bocal... Mais lui, me voit-il?

Inquiet à la pensée que le poisson ne voit peut-être pas, le gamin décide d'aller poser la question à Cyrus. Il n'a aucune peine à trouver le savant occupé à ramasser des vers de terre dans un champ bordant la rivière.

— Que me vaut la visite du plus grand magicien de la ville? lance Cyrus.

— J'éprouve un horrible doute, Cyrus. Je me demande si Gontran, mon poisson rouge, peut me voir à travers son bocal.

— La vue, répond l'érudit, n'est certes pas le sens le plus développé chez le poisson. Mais, oui, Gontran voit.

— Ouf! soupire Zénon.

— Il te voit probablement mieux lorsque tu es placé devant lui plutôt que sur le côté.

— Mais, objecte le garçon, ses yeux sont pourtant placés sur le côté de sa tête!

— Oui, mais malgré tout il te voit mieux de face. Cependant il te voit flou, à cause de la forme ronde de son cristallin. Chez l'humain, vois-tu, le cristallin est ovale et continuellement ajusté par de petits muscles. Pas chez le poisson.

— Qu'est-ce que c'est, le cristallin?

— C'est comme une lentille placée derrière la pupille de l'œil. Mais Gontran te reconnaît plus aux vibrations que font tes pas sur le plancher qu'à ta silhouette.

— Voulez-vous dire qu'il me sent plus qu'il ne me voit?

— Tout à fait, et cela grâce à un organe qu'on appelle la ligne latérale.

— Qu'est-ce que c'est? demande Zénon.

— C'est l'organe le plus caractéristique du poisson. Située de chaque côté du corps, elle est constituée par de petits canaux qui se trouvent près de la tête et sur les flancs. Elle abrite de petites cellules sensorielles qui sont en relation avec le nerf latéral. Grâce à ces cellules, le poisson peut détecter les vibrations produites à l'intérieur et à l'extérieur de son bocal, ainsi que les corps solides, mobiles et immobiles, qui se trouvent dans l'eau.

— C'est donc inutile de répéter mon numéro devant Gontran?

— Je crois en effet que Gontran, comme tous les poissons d'ailleurs, demeure insensible aux tours de magie. Par contre, il reconnaît probablement tes vibrations, qui sont différentes de celles des autres membres de ta famille.

— Vous voulez dire que Gontran me reconnaît lorsque j'entre dans ma chambre?

— Très probablement. Tu sais, Zénon, ajoute le savant en reprenant sa bêche, contre le trac il n'y a rien à faire.

Surpris, le garçon sursaute.

— Comment savez-vous que j'ai le trac?

— Parce que c'est normal d'avoir le trac avant de présenter un spectacle.

— C'est peut-être normal, Cyrus, mais ce n'est pas très agréable.

— Non, je le reconnais. Mais dis-toi qu'après quelques secondes sur scène, cela disparaîtra.

Fais-toi confiance, mon garçon. Tu as bien répété chacun de tes tours?

— Bien sûr! reconnaît Zénon avec fierté.

— Alors ne pense plus à ton spectacle. Va jouer, et tout se passera bien ce soir.

— Merci, dit Zénon en s'éloignant d'un cœur plus léger.

Cousin de la carpe, le poisson rouge est, à l'état sauvage, d'une couleur brun verdâtre. Ce sont les Japonais qui, à force de patience et de sélection, ont produit les spécimens que nous connaissons.

De quel côté tourne la Terre ?

Macha s'amuse avec le globe terrestre posé sur le coin de son bureau. Elle le fait tourner lentement d'abord, puis de plus en plus vite.

— Mais en réalité, s'interroge la petite fille, de quel côté tourne la Terre?

Elle part aussitôt à la recherche de Cyrus.

— Nous sommes mercredi, songe-t-elle. Il doit être chez lui. J'espère que je ne le dérangerai pas trop.

Au moment où elle s'apprête à frapper à la porte du savant, celle-ci s'ouvre brutalement. Macha se retrouve face à Cyrus, qui a l'air pressé et préoccupé.

— Bonjour, balbutie la visiteuse.

— Ah! Macha. Tu venais me demander quelque chose?

— Oui, mais vous sortez!

— Je dois courir au village, explique l'érudit. Je n'ai plus d'encre pour ma plume. Accompagne-moi, nous en profiterons pour bavarder.

Macha ne se fait pas prier.

— Que voulais-tu savoir? dit le savant en refermant derrière lui la grille.

— De quel côté tourne la Terre.

— Tu dois d'abord savoir que la Terre tourne en deux mouvements : la rotation et la révolution.

— Quelle est la différence? demande la petite fille, qui songe surtout à la Révolution française.

— La rotation, c'est le mouvement de la Terre qui effectue un tour complet sur elle-même toutes les vingt-quatre heures.

— Ce qui donne les jours et les nuits?

— Exact. La révolution, c'est le mouvement de la Terre qui tourne autour du Soleil en trois cent soixante-cinq jours et un quart environ.

— Une année.

— Oui. Pour savoir de quel côté tourne la Terre, il faut avoir un point de repère.

— Je ne vois pas comment c'est possible, réfléchit Macha.

— Imaginons que nous soyons dans une fusée, très haut dans le ciel, juste au-dessus du pôle Nord, et que nous regardions la Terre.

— Facile.

— On la verrait alors tourner sur elle-même et autour du soleil dans le sens inverse des aiguilles d'une montre.

— Donc de gauche à droite, conclut Macha. Et sait-on à quelle vitesse tourne la Terre?

— À l'équateur, la Terre tourne sur elle-même à environ mille sept cents kilomètres à l'heure, répond le savant. Plus on s'éloigne de l'équateur vers les pôles, plus la vitesse diminue, parce que la circonférence est plus petite.

— À Montréal, par exemple, à quelle vitesse tourne la Terre? demande Macha.

— À mille kilomètres à l'heure environ. Si on parle maintenant de la vitesse de révolution...

— C'est-à-dire quand elle tourne autour du Soleil, précise Macha.

— Oui. La Terre tourne autour du Soleil à environ trente kilomètres par seconde. Mais, en hiver, elle tourne plus vite parce que son orbite est elliptique.

— La Lune aussi tourne sur elle-même, dit Macha. Tourne-t-elle dans le même sens que la Terre?

— Oui, lui répond l'érudit. La Lune tourne sur elle-même à environ dix-sept kilomètres à l'heure et autour de la Terre en vingt-sept jours environ, soit à un kilomètre par seconde. Elle tourne elle aussi dans le sens inverse des aiguilles d'une montre.

On voit toujours le même côté de notre satellite parce que les mouvements de rotation et de révolution se font en même temps.

— Vous voici rendu, dit Macha. Merci d'avoir répondu à toutes mes questions.

— Ce n'est rien. Grâce à toi, Macha, ma mauvaise humeur s'est estompée. Tu sais, je déteste manquer d'encre au milieu d'une phrase.

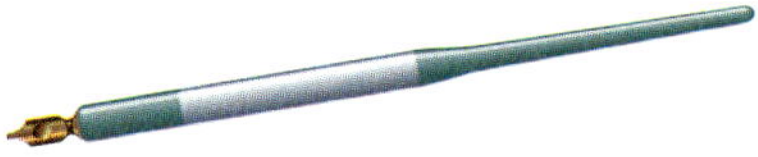

Les roches les plus anciennes proviennent des vieux socles canadien et australien et sont estimées à 3,8 milliards d'années. On évalue cependant l'âge de la Terre à 4,5 milliards d'années.

Est-ce que notre mémoire fonctionne quand on dort?

— Cesse de t'énerver, Marjorie! Tu vas la retrouver, ton idée! dit Cyrus, légèrement impatient.

Marjorie s'affole, tourne en rond, saute sur un pied et sur l'autre.

— Il faut que je la retrouve, sinon...

— Commence par t'asseoir, calme-toi et tout va aller mieux. Et puis, tu vas réveiller Gratte-Bedaine! Il dort comme une marmotte, celui-là...

— Je n'aurais pas dû dormir! C'est parce que j'ai dormi! Ma mémoire s'est endormie et j'ai tout oublié!

— Marjorie, la mémoire ne dort pas!

— Ah non? dit Marjorie.

— Mais non! dit Cyrus. Sinon, chaque matin lorsque tu t'éveilles, il faudrait que tu réapprennes tout ce que tu connaissais et que tu as oublié! Ce n'est pas possible. Tu devrais réapprendre à marcher, à manger, tout!

— C'est vrai, fait Marjorie, songeuse.

— Il y a deux grandes sortes de sommeil, poursuit Cyrus. Le sommeil lent et le sommeil paradoxal. Durant le sommeil lent, l'organisme sécrète des hormones de croissance et...

— Je grandis quand je dors? demande Marjorie, étonnée.

— Il se fait tout un travail dans ton corps. Les trois quarts des hormones produites en vingt-quatre heures sont fabriquées durant le sommeil lent. Une foule de réactions chimiques se font alors pour nourrir convenablement tes cellules.

— Mes cheveux poussent, ma peau s'étire...

— Tous tes tissus se refont.

— Et pendant l'autre sommeil? dit Marjorie, qui veut tout savoir.

— On a découvert en 1970 que le sommeil paradoxal avait un rapport avec la mémoire.

— Tiens, tiens, dit Marjorie avec un sourire.

— Contente? On a observé, dans des laboratoires de recherche, que des animaux à qui ont avait appris beaucoup de choses dans une journée passaient plus de temps à dormir du sommeil paradoxal. Plus ta mémoire doit travailler, plus tu as besoin de sommeil paradoxal.

— Et les rêves, ils sont dans quel sommeil? demande Marjorie.

— Dans le sommeil paradoxal, semble-t-il. Mais l'étude des rêves est très compliquée. Il y a énormément de choses qu'on ne sait pas précisément, sur les rêves.

— Les vieilles personnes, est-ce qu'elles perdent la mémoire parce qu'elles ne dorment pas beaucoup?

— Je n'en suis pas certain, dit Cyrus en éclatant de rire. Mais ta question est loin d'être bête. Les vieilles personnes s'usent, et leur mémoire aussi. Mais, en revanche, je te dirai que les bébés, qui ont tout à apprendre chaque jour, passent la moitié de leur temps de sommeil en sommeil paradoxal.

— Je suis soulagée, Cyrus. Très soulagée même, ajoute Marjorie.

— Ta mémoire fonctionne encore mieux que celle d'un ordinateur, tu n'as pas à t'inquiéter, dit Cyrus.

Tout à coup, Marjorie se lève et saute au cou de Cyrus.

— Je l'ai! Je l'ai! J'ai retrouvé mon idée!

— Et qu'est-ce que c'était?

— Rapporter la disquette de jeux à Babi! Elle en a absolument besoin demain pour faire une démonstration d'ordinateur à l'école!

— La preuve, tu vois, que rien ne s'est effacé durant la nuit! dit Cyrus.

Marjorie observe un moment le gros

saint-bernard qui s'est mis à ronfler.

— Même votre Gratton n'oublie rien quand il dort? demande-t-elle.

— Imagine-toi ce que ce serait s'il fallait que je lui apprenne chaque jour qu'il doit manger à cinq heures!

En entendant le mot *manger*, Gratte-Bedaine bondit sur ses quatre pattes et vient lécher la main de Cyrus.

— Dans trente minutes, mon Gratton! Patience!

Même si l'on dit que la mémoire se détériore en vieillissant, il est toujours possible de l'améliorer en lui faisant faire de l'exercice : apprendre chaque jour la définition exacte d'un mot, par exemple.

Pourquoi la neige est blanche ?

Mon cher Cyrus,

J'essaie de convaincre mon père de m'emmener au pôle Nord. Pouvez-vous trouver un moyen? Il dit qu'il n'ira jamais se faire geler si haut. Moi, j'aimerais bien aller voir le pôle Nord parce que là-bas, la neige est toujours blanche. Je n'aime pas du tout la neige noire des villes. Je viendrai vous voir en revenant de mon cours de violon.

Ivan

— Pile! Le voilà! dit Cyrus en laissant retomber le rideau du salon.

Ivan frappe un petit coup et entre chez Cyrus, sérieux, son violon sous le bras.

— Bonjour, Cyrus! lance Ivan. Vous avez trouvé une solution?

— Pas vraiment... Mais j'ai deux questions à te poser, dit Cyrus.

Ivan le regarde, intrigué et déçu à la fois.

— Ivan, commence

Cyrus, saurais-tu me dire pourquoi la neige est noire?

— Parce qu'elle est sale, répond rapidement Ivan.

— Saurais-tu également me dire pourquoi la neige est blanche? demande encore Cyrus avec un sourire malin.

— Parce qu'elle est propre! s'écrie Ivan.

— Mais pourquoi blanche? insiste Cyrus. Pourquoi pas bleue, ou rouge, ou verte?

Ivan ouvre la bouche et la referme aussitôt. Cyrus le regarde fixement. Il a le don de poser des questions embêtantes. Ivan ne sait pas du tout pourquoi la neige est blanche.

— La couleur, c'est la couleur de la lumière qu'un objet nous envoie.

— Ah bon? dit Ivan.

— La neige nous renvoie toutes les couleurs de la lumière...

— Et toutes les couleurs ensemble font la lumière blanche? affirme Ivan.

— Exactement! dit fièrement Cyrus. Les cristaux de neige ont la propriété de réfléchir toutes les longueurs d'ondes de la lumière. La neige est donc comme un miroir. Pas très lisse, tu me diras, mais un miroir tout de même. Elle renvoie la lumière qui l'éclaire.

— Tellement, enchaîne Ivan, que les gens du Grand Nord ont inventé des lunettes spéciales pour ne pas être aveuglés par les reflets de la lumière sur la neige...

— J'en ai même une paire, dit Cyrus. Je te la montrerai. La neige, Ivan, se comporte comme un prisme parce que, comme le prisme, elle est faite de minuscules petites surfaces. Elle peut donc décomposer la lumière. Si tu regardes de très près la neige un jour de grand soleil, tu verras toutes les couleurs de l'arc-en-ciel, celles qui font la lumière blanche.

Ivan rêve déjà de se coucher sur la neige du pôle Nord, de marcher avec les lunettes de Cyrus dans des étendues de neige blanche interminables...

— Ivan, tu m'écoutes? demande Cyrus.

— Oh oui! répond rapidement l'enfant sérieux. Vous me les prêterez, vos lunettes spéciales, quand je partirai pour le pôle Nord?

— Tu vas convaincre ton père? ajoute Cyrus.

— Je suis sûr que oui. Quand je lui parlerai de la neige blanche, des flocons qui contiennent toutes les couleurs de l'arc-en-ciel, je suis sûr qu'il ne pourra pas résister...

Cyrus tend alors un étui à Ivan.
— Les lunettes pour le Grand Nord? demande Ivan.
— Les lunettes pour le Grand Nord! Et bon voyage!

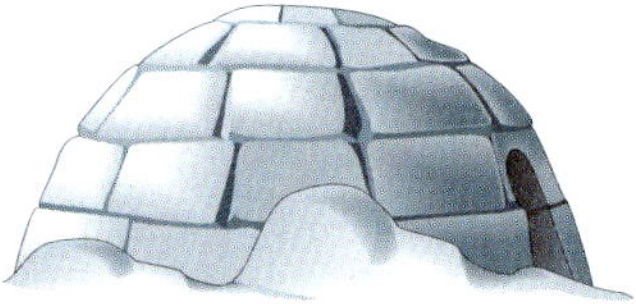

Ne vous demandez pas pourquoi on ne se sert pas de lunettes spéciales au pôle Sud.
La réponse est très simple : personne n'y habite!

Pourquoi les lions ont-ils une crinière ?

— Tu as une sacrée crinière, remarque le barbier en faisant claquer ses ciseaux.

Affolé, Zacharie quitte précipitamment la grosse chaise du coiffeur, qui le regarde, interdit.

— Eh! Reviens! C'était une blague!

Mais le garçon ne l'entend plus. Il court à toutes jambes, tourne le coin et se heurte à Cyrus qui sort de la pharmacie.

— Qu'est-ce qui se passe? demande le savant d'une voix bourrue. Tu as le diable aux trousses?

— Non, le coiffeur! répond Zacharie en reprenant son souffle. Dites-moi, Cyrus, pourquoi les lions ont-ils une crinière?

— Tu as remarqué que seuls les lions, et non les lionnes, ont une crinière?

— Oui.

— C'est que la crinière du lion serait un caractère sexuel secondaire. Si on castre un lion, sa crinière sera moins belle.

— Pourquoi?

— Parce que ce sont les hormones sécrétées par les testicules qui sont responsables de la croissance de la crinière.

— Mais pourquoi?

— Question d'évolution des espèces. Probablement que les lionnes, ne choisissaient que les lions à grosse crinière pour se reproduire.

— Oh! ceux qui avaient une petite crinière ne trouvaient pas de compagnes?

— Non. Donc, ne pouvant se reproduire, ils ne pouvaient transmettre le gène correspondant. Les mâles à grosse crinière, au contraire, transmettaient leurs caractères génétiques, donc la crinière.

— C'est bien compliqué tout ça. Mais ce que vous m'expliquez, c'est que tout commence par une question de goût!

— Oui, celui des lionnes pour les mâles à crinière. Le même phénomène se retrouve chez le paon.

— Ces oiseaux qui ont de si magnifiques queues, dit Zacharie.

— Les plumes spectaculaires de la queue des paons seraient également un caractère sexuel secondaire développé à cause des préférences des paons femelles.

— Les chevaux aussi ont des crinières, dit le garçon. Est-ce pour les mêmes raisons?

— Non, répond aussitôt le savant. Chez le zèbre et le cheval, mâles et femelles ont tous deux des crinières.

— J'ai remarqué que les jeunes lions n'ont pas de crinière, dit Zacharie.

— La crinière des jeunes mâles commence à pousser vers l'âge de deux ans. Quand l'animal a cinq ou six ans, elle peut atteindre vingt-quatre centimètres. La couleur et l'épaisseur de la crinière varient selon les individus, explique Cyrus.

— Pouvez-vous préciser?

— La couleur varie du fauve clair au noir en passant par le brun et le roux. Tantôt longue, la crinière peut couvrir le dessus de la tête, les joues, le cou, les coudes, les épaules, la poitrine et le

ventre, tantôt courte, elle entoure seulement la face et le cou.

— C'est impressionnant.

— Oui, c'est un moyen de dissuasion très efficace. Et puis, la crinière servirait aussi au lion à protéger son cou et sa tête, amortissant les coups de pattes et de crocs lors des combats entre rivaux.

— Merci, Cyrus. Toutes ces explications me seront profitables. J'ai décidé de ne plus céder aux pressions de mon père. Je garde ma crinière!

À la naissance, les lionceaux sont couverts de taches qui disparaissent vers l'âge de deux ou trois ans.

Est-ce que les lutins savent faire de la vraie magie ?

C'est un matin comme on n'en voit pas souvent. Les odeurs de printemps donnent envie de sourire. Cyrus est sorti très tôt, juste après le lever du soleil, pour promener Gratte-Bedaine. La plus grande faveur que l'on puisse faire à ce chien, c'est de le sortir à l'aube. Tout à coup, le gros saint-bernard tire vivement sur sa laisse comme s'il venait de flairer le gibier du siècle.

— Pas si vite, Gratton! lui dit Cyrus.

Mais Gratte-Bedaine tire sur la laisse de toutes ses forces. Cyrus le suit, curieux de voir la découverte du chien.

— Chut! dit une petite voix fâchée.

Gratte-Bedaine s'arrête au bord de l'eau, à côté d'un énorme rocher. Derrière le rocher, Cyrus aperçoit le petit Albert, couché sur la rive.

— Qu'est-ce que tu fais là? demande Cyrus, surpris.

— Allez-vous-en! Vous faites trop de bruit! dit le petit Albert. J'attends les lutins...

— D'accord, nous partons, dit Cyrus.

Mais Gratte-Bedaine n'est pas d'accord. Il renifle la base du rocher, veut le contourner malgré les avertissements du petit Albert. Cyrus le tire tant bien que mal.

Quelques heures plus tard, alors que Cyrus change les cordes de son violon, le petit Albert frappe timidement à la porte de la cuisine.

— Je voulais m'excuser, dit-il. Ce matin, je ne pouvais vraiment pas vous parler...

— Je comprends, dit Cyrus. Quand on attend des lutins!

— Ils ne sont pas venus, dit le petit Albert, très déçu. Pourtant, j'ai bien lu qu'ils vivent sous de grosses pierres. Quand on sent l'odeur de la soupe près d'un rocher, c'est qu'il y a des lutins dessous. Et puis, je voulais leur demander quelque chose...

— Leur demander quoi? dit Cyrus, très curieux.

— Je veux savoir si les lutins font de la vraie magie.

— Oh! C'est sérieux! dit Cyrus, pensif.

Albert, est-ce que tu crois que les magiciens font de la vraie magie?

— Non, je sais que non. Ce sont des trucs très intelligents, mais ce sont des trucs. La magie des magiciens, c'est un travail comme un autre.

— Et les lutins, eux, font de la vraie magie? demande Cyrus.

— C'est ce que je veux savoir, dit le petit Albert.

— Tu crois que les lutins existent?

— Oui. Je sais bien, ajoute le petit Albert, que les gens ne croient pas à l'existence des lutins. Moi, je crois qu'ils existent même si je n'en ai jamais vu. Je vais finir par en voir, je vous le jure. J'aimerais tellement leur parler et jouer avec eux...

— Alors, si tu crois qu'ils existent, tu peux croire aussi qu'ils font de la vraie magie. Ils peuvent transformer des feuilles mortes en trésor, faire apparaître quelqu'un qu'on croyait mort, te transporter à l'autre bout du monde en un quart de seconde...

— Est-ce que vous riez de moi, Cyrus? demande timidement le petit Albert.

— Pas du tout. Ce que je pense, c'est que, quand on veut croire à quelque chose, on peut. Je ne crois pas que les lutins existent, vois-tu. Mais j'aime penser qu'ils pourraient exister. J'aime penser aussi qu'ils pourraient faire de la vraie magie...

— Si jamais ils sortent de sous leur rocher, je viendrai vous le dire, Cyrus. Je vous les présenterai. Je suis certain qu'ils sont très gentils.

— Et si je les vois, j'y croirai aussi fort que toi, dit Cyrus. Même si je n'apercevais que le bout de leur nez ou le bout de leur soulier...

Selon les régions du monde et les diverses mythologies, les lutins et autres petits personnages portent des noms étonnants : seulement en Bretagne, on connaît les Korrigans, mais aussi les Boléguéans, les Hasegueannets, les Guerrionets des cercles de pierre, les Arragousets et les Petits Cornus.

Pourquoi est-ce que l'air n'a pas d'ombre ?

Joachim lève un pied, regarde attentivement le sol et replace son pied exactement où il était. Ensuite, il lève l'autre, regarde encore et le replace par terre. Cyrus l'observe, caché derrière un arbre. «Qu'est-ce qu'il fabrique donc?» se demande-t-il. Joachim recule, se tourne vers le soleil, brasse l'air des deux mains et observe encore une fois le sol.

— Joachim! dit doucement Cyrus pour ne pas lui faire peur.

Mais Joachim sursaute en poussant un cri.

— Qu'est-ce que tu fabriques? dit doucement Cyrus.

— Oh! C'est le découragement total. J'essaie de voir l'ombre de l'air!

— L'ombre de l'air? Joachim, l'air ne peut pas avoir d'ombre!

— Pourquoi?

— Oh! mon petit Joachim! Tu veux me faire travailler? Moi qui venais me promener tranquille au bord de la rivière... Assieds-toi, je vais t'expliquer.

Joachim s'assied à côté de Cyrus, le menton bien calé entre ses deux mains.

— Une ombre, Joachim, c'est une absence de lumière. S'il y a une ombre, c'est qu'un corps opaque empêche la lumière de passer. À l'endroit du sol, ou d'un mur, où la lumière devrait arriver, il y a une ombre.

— Moi, je suis un corps opaque et je fais de l'ombre, dit Joachim.

— Tu es un corps opaque, formé de molécules, qui bloquent le passage de la lumière, confirme Cyrus.

— Mais l'air, Cyrus, l'air aussi est formé de molécules! s'écrie Joachim d'un air victorieux. Il devrait donc avoir une ombre, faire une petite ombre, laisser des traces sombres sur le sol!

— Pas du tout! réplique Cyrus. L'air est formé de molécules, mais ces molécules sont libres. Elles se promènent en liberté dans l'espace et elles sont invisibles à l'œil nu. On ne peut pas les voir, et si on ne peut pas les voir, on ne peut pas voir l'ombre terriblement microscopique qu'elles feraient au sol.

— L'air laisse donc passer la lumière! dit Joachim. Même quand il y en a une fabuleuse épaisseur?

— Oui. L'air laisse passer la lumière comme un morceau de verre le fait.

— Et ce qui laisse passer la lumière ne

peut pas faire d'ombre... dit Joachim, déçu. J'aurais cru, Cyrus, que toutes les particules contenues dans l'air, les molécules, tout, j'aurais cru que toutes ces petites choses éparpillées dans l'air auraient pu faire une ombre à pois minuscules...

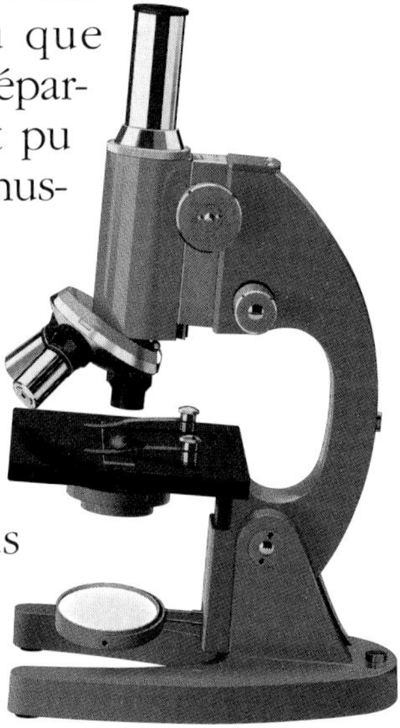

Cyrus éclate de rire. Une ombre à pois minuscules! Il ira loin, le Joachim!

— Joachim, ne t'en fais pas! Tu ne peux pas toujours prouver ce que tu penses. Mais à te voir réfléchir à des choses comme l'ombre de l'air, je sens que, plus tard, tu seras un chercheur redoutable. Dis-moi, qu'est-ce qui t'a fait penser que l'air pouvait avoir une ombre?

— J'ai pensé aux particules, j'ai pensé à tout ce qui compose l'air, mais, surtout, j'ai regardé mon petit frère qui essayait de décoller son ombre de ses pieds... Il a tout essayé pour décoller son ombre et vous savez ce qu'il a fait? Il est monté sur le premier barreau d'une échelle en criant : «Fais de l'air, ombre!»

— Et c'est là que tu as pensé à l'ombre de l'air... Un grand chercheur, je te jure que tu seras un grand chercheur...

— Et mon frère, lui, deviendra un génie universel! dit Joachim très rapidement. C'est tout à fait génial, la solution qu'il a trouvée, non? Il a seulement quatre ans, Cyrus!

— À deux, vous irez loin! dit le savant avec un grand sourire.

À midi, le Soleil est au zénith, son point le plus haut dans le ciel. En théorie, à midi, heure solaire, nous n'avons pas d'ombre. Certains Tziganes croient d'ailleurs que c'est à cet instant précis que sort le mulo, fantôme plutôt gentil. C'est pour cette raison qu'à midi les Tziganes cessent toute activité importante.

Pourquoi est-ce qu'on est étourdi quand on tourne?

— Bonjour, Élise.

— Bonjour, Cyrus. Est-ce que je vous dérange?

— Je préparais mes mouches, mes vers, mon embarcation, mais j'ai bien deux minutes.

— Vous allez à la pêche?

— Oui. On ne peut rien te cacher. Je m'accorde un après-midi de congé. Et toi? Tu ne joues plus avec tes amis? Je vous observe depuis un moment et vous aviez l'air de bien vous amuser.

— Oui, mais je voulais savoir pourquoi on est étourdi lorsqu'on tourne? demande Élise.

— Ah! fait Cyrus. C'était donc ça, le but de votre jeu : tourner, tourner jusqu'à vous étourdir, pour ensuite perdre l'équilibre et vous laisser tomber dans l'eau!

— Oui. C'est assez amusant. On tourne, on tourne...

— J'y jouais aussi, enfant, se souvient le savant avec une petite pointe de nostalgie. On tourne, on tourne et tout se met à tourner autour de nous.

— Comment est-ce possible? insiste Élise, tirant ainsi l'érudit de sa rêverie.

— À l'intérieur de notre oreille, il y a des compartiments remplis de liquide où se logent des centaines de cellules munies de cils très sensibles.

— Comme les cils des paupières? demande la petite fille.

— Si tu veux, oui, mais encore plus petits. Ils sont sensibles aux mouvements du liquide dans les compartiments de l'oreille interne. Lorsqu'on bouge la tête ou qu'on tourne sur soi-même, comme vous le faisiez tout à l'heure, le liquide contenu dans l'oreille glisse entre les cils, qui envoient un message au cerveau.

— Quel genre de message? demande la petite.

— Ils commandent au cerveau d'activer immédiatement les muscles afin de rétablir l'équilibre du corps. Tout changement de position est transmis au cerveau, tu sais.

— Ça lui fait beaucoup de travail au cerveau! Moi, je bouge tout le temps! dit Élise.

— Un travail incessant. Lorsque, par exemple, vous tournez sur vous-mêmes, comme tantôt, le cerveau reçoit le message de rétablir l'équilibre tout le temps que vous tournez.

— Je ne comprends toujours pas pourquoi on est étourdi.

— Parce qu'il y a un délai entre le moment où vous arrêtez de tourner et celui où le cerveau comprend que tout va bien.

— Hum... fait Élise en se frottant le nez.

— Je vais m'efforcer d'être plus clair, reprend le savant. Imagine que ton oreille soit un bocal rempli d'eau.

— C'est facile.

— Si tu fais tourner le bocal et que, brusquement, tu arrêtes, cela prendra un certain temps avant que le liquide ne retrouve son immobilité, non?

— Oh! s'exclame Élise. Je commence à comprendre. L'eau dans mon oreille est entraînée par le mouvement, comme l'eau du bocal qu'on fait tourner...

— Quand le liquide de ton oreille retrouve enfin son immobilité, tes étourdissements disparaissent, dit le savant en conclusion.

— Cette fois, dit la petite fille, j'ai compris.

— Maintenant, retourne vite à tes

amis. Je dois m'en aller sinon le poisson risque de ne pas être au rendez-vous. Tu aimes le poisson Élise?

— Oui, avec beaucoup de citron!

— Alors, je te rapporterai des truites?

— Ce que vous pêcherez! J'aime tous les poissons. Oh, Cyrus! Vous êtes tellement gentil! Apportez le poisson, je m'occupe des citrons!

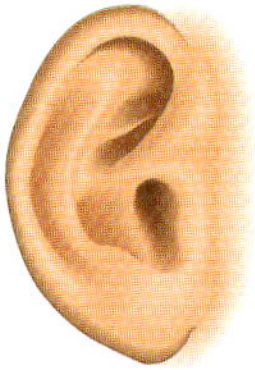

Le cerveau effectue un travail extraordinairement complexe. Plus de 15 millions de neurones le composent. Bien que son poids soit inférieur à 1,5 kg, il utilise plus du quart de l'alimentation en sang du corps.

Que se passe-t-il quand on franchit le mur du son ?

Bénédicte se bouche les oreilles et ferme les yeux. Elle déteste le tonnerre et elle a peur. Au loin, l'orage gronde et elle est malheureusement toute seule dans sa grande maison. Tremblante, elle s'approche de la fenêtre et regarde dehors. Mais sa mère ne revient pas.

— Il ne pleut pas encore, murmure-t-elle. J'ai probablement le temps de me rendre chez Cyrus. En sa compagnie, j'aurais sûrement moins peur.

Elle court à la penderie, décroche son ciré mauve, l'enfile et sort. Bénédicte s'élance et se précipite chez le savant, qui l'accueille à bras ouverts.

— Entre vite, lui dit-il. Mais ne regarde pas le désordre de la cuisine.

— J'ai peur, lui avoue la petite fille. Je déteste le bruit du tonnerre.

— C'est un phénomène dû au changement de température et de pression d'air. Un peu comme lorsqu'un avion à réaction franchit le mur du son.

— Le mur du son? demande-t-elle.

— Pour qu'on puisse entendre un son, il faut qu'il y ait de l'air qui le porte, répond le savant. Cet air est fait de molécules d'air et de particules.

— Qu'est-ce que c'est, le son, au juste?

— C'est une vibration dans l'air, et la vitesse normale du son dans l'air est de trois cent trente mètres par seconde ou encore mille deux cents kilomètres à l'heure. Mais la vitesse du son est inégale, ajoute le savant. Plus on monte en altitude, moins la vitesse du son est élevée, car l'air est moins dense. Tu comprends?

— Oui, répond Bénédicte.

— Si un avion normal qui avance à environ huit cents kilomètres à l'heure passe au-dessus de ta tête, tu l'entends normalement.

— C'est vrai, mais pourquoi?

— Parce que c'est un son subsonique...

— C'est-à-dire?

— J'allais te l'expliquer. Le bruit des moteurs de cet avion fait vibrer les molécules d'air, qui se réchauffent en vibrant. Comme l'avion voyage à une vitesse moindre que celle du son, tu entends le bruit des moteurs.

— Et dans le cas d'un avion supersonique, alors? demande-t-elle.

— Un avion supersonique voyage à une vitesse supérieure à celle du son, d'où son nom. Au moment où il franchit les mille deux cents kilomètres à l'heure, les molécules d'air qu'il rencontre devant lui n'ont pas le temps de vibrer parce qu'il va trop vite. Mais tout de suite après son passage, ces molécules qu'il a déchirées sont tellement chaudes que, en recontrant les molécules d'air froid qui circulent autour, elles produisent un BANG! supersonique.

— Comme pour le tonnerre?

— C'est la même chose, c'est un phénomène dû aux changements de température et de pression de l'air.

— Mais pourquoi dit-on le mur du son? s'interroge Bénédicte.

— Autrefois, les pilotes se demandaient ce qui se passerait le jour où l'on construirait des avions aussi rapides que le son.

— Ils avaient peur?

— Oui, car ils croyaient que les ondes se masseraient en une sorte de mur contre lequel les avions se fracasseraient.

— Le mur du son! Et que se passa-t-il?

— Le premier pilote qui se risqua dans un avion supersonique ne ressentit qu'une légère secousse, à peine perceptible, et l'avion se balança un peu. Puis, l'air redevint calme.

— Ouf! Il a dû être soulagé!

Au même moment, un effrayant coup de tonnerre fait vibrer la maison du savant. Avant de s'en rendre compte, Bénédicte s'est déjà réfugiée sous la table!

Dans les années 1950, des scientifiques crurent avoir découvert une mouche asiatique volant plus vite que le son! Il leur suffisait pourtant de réfléchir: s'il avait existé une mouche capable de voler plus vite que le son, elle se serait consumée...

Est-ce qu'on peut utiliser la peau de l'hippopotame ?

Montée sur son vélo comme une championne cycliste, Léonie fonce à travers le parc. Un caillou... hop! Léonie est éjectée dans les airs, plane un petit moment et atterrit, le menton le premier, sur l'asphalte de la grande allée.

— Mon vélo est intact! s'écrie-t-elle, heureuse.

Mais le menton, les mains et les genoux de Léonie sont striés de centaines de petites égratignures qui saignent doucement.

— Je t'ai vue voler! lui crie de loin Cyrus, qui rentrait chez lui par l'allée. Pas mal du tout! Mais si j'étais toi, je me ferais un costume protecteur!

— En peau d'hippopotame! crie Léonie en riant.

— Il n'y a vraiment rien à ton épreuve! lui dit Cyrus en arrivant à sa hauteur. Mais pour la peau d'hippopotame, tu te trompes! Ça ne protégerait pas du tout : l'hippopotame a la peau relativement mince.

— Mince? Mais les hippopotames ont l'air d'être enveloppés dans une grosse peau à l'épreuve de tout! dit Léonie.

— La preuve du contraire, c'est que leur peau se déchire facilement lorsqu'ils se battent. En revanche, sous la peau de l'hippopotame se trouve une couche de graisse d'environ cinquante centimètres.

— Et les chasseurs d'hippopotame, est-ce qu'ils font quelque chose de la peau?

— Ce n'est pas pour la peau qu'on chasse l'hippopotame, C'est pour les dents d'abord, puis pour la viande, et pour la graisse. Tu peux obtenir quatre-vingt-dix kilos de graisse d'un mâle adulte. Les canines de l'hippopotame peuvent mesurer jusqu'à soixante-dix centimètres et peser quatre kilos. L'ivoire des dents d'hippopotame est très recherché.

— Comme les défenses d'éléphant? demande Léonie.

— Oui. Mais revenons-en à la peau. Des glandes sécrètent un liquide visqueux qui donne un reflet rouge à la peau de l'animal. On dirait souvent qu'ils ont le dos en sang. C'est ce liquide qui empêche l'hippopotame de se déshydrater lorsqu'il est hors de l'eau. Car l'hippopotame perd énormément d'eau par évaporation.

— Est-ce qu'ils ont des poils, les hippopotames? demande Léonie.

— Quelques-uns seulement, dit Cyrus. Au bout de la queue d'abord, et sur le mufle, des poils tactiles.

— Comme les vibrisses d'un chat?

— Ce sont bien des vibrisses, oui, répond Cyrus.

— Alors, pas de manteau en fourrure d'hippopotame! dit Léonie, moqueuse.

— Pas de manteau, non, mais il paraît qu'en Afrique du Sud on fabrique un fouet en cuir d'hippopotame qu'on appelle *shambok*.

— Alors, mon cher Cyrus, pour le costume protecteur, je vais réfléchir encore... dit Léonie.

— Mais tu vas commencer par aller désinfecter tes jolies rayures rouges. Tu ne t'es pas vue, Léonie! On dirait un bonbon de Noël!

— J'y cours, Cyrus, j'y cours!

— Pas d'excès de vitesse, crie Cyrus à Léonie qui file déjà sur son vélo. Et dis bonjour au petit Léon!

L'hippopotame est un amphibie. Cet énorme animal à la peau nue vit dans les eaux douces de l'Afrique. D'ailleurs, il arrive fréquemment que la femelle mette bas dans l'eau.

Si je m'arrache la peau des pouces, est-ce que ce sont les mêmes empreintes digitales qui vont repousser ?

— Olaf, dit Cyrus, il faudrait que tu trouves une solution! Si tu continues à te ronger les ongles de cette façon, tu n'en auras plus!

— Je sais, soupire Olaf. Pire! Je me mange la peau des pouces!

— Tu vas manger jusqu'où, comme ça? demande Cyrus en examinant les pouces d'Olaf.

— Je ne sais pas. Mais plus je veux arrêter, plus je gruge, plus je ronge, plus je croque profondément... Et ça m'embête beaucoup, Cyrus. Beaucoup!

— Pourquoi donc?

— Parce que, si je continue, je n'aurai peut-être plus d'empreintes digitales sur les pouces... dit tout bas Olaf.

— Ne t'en fais pas. Pour perdre ses empreintes digitales, il faut gruger pas mal plus profondément. La peau, Olaf, est composée de deux couches : le derme et l'épiderme. Le derme est sous l'épiderme.

— J'ai le droit de manger seulement l'épiderme? demande Olaf.

— Tu ferais mieux de manger des pommes... Donc, l'épiderme est à la surface et le derme dessous. Et sous le derme, il y a une couche fibreuse. Le derme prend un peu la forme de cette couche, ce qui lui donne ces petits plis, ces sillons qui constituent nos empreintes digitales. L'épiderme reproduit ce motif particulier à chaque individu.

— Personne n'a les mêmes empreintes digitales, ça, je le savais! déclare Olaf.

— Même les jumeaux les plus identiques du monde n'ont pas les mêmes empreintes digitales, confirme Cyrus.

— Mais mes empreintes à moi? dit Olaf, toujours inquiet.

— Tant que tu ne grignotes que l'épiderme, tout va bien, tes empreintes se refont sans problème. Mais si tu te blessais suffisamment pour détruire la couche du dessous, le derme lui-même, tu n'aurais plus d'empreintes.

— Oh! Je vais manger en surface seulement... dit Olaf.

— Savais-tu, dit Cyrus sur un ton de conspirateur, savais-tu, mon petit Olaf, que certains grands criminels se sont déjà volontairement brûlé les doigts pour faire

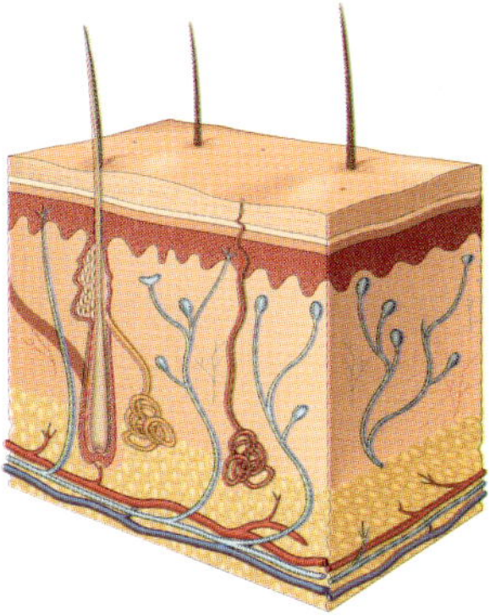

disparaître leurs empreintes digitales?

— Non! s'exclame Olaf, horrifié.

— Tout à fait vrai! dit Cyrus. Ainsi, il était impossible d'identifier leurs traces de doigts.

— C'est trop bête, dit Olaf. Il faut vraiment que j'arrête de me dévorer tout cru...

— Avant de devenir cannibale! dit Cyrus pour se moquer.

— Ce n'est pas drôle! J'ai tout essayé! Les produits qui ont un goût amer, les bandages autour des doigts, des gants jour et nuit! Rien n'y fait.

— Essaie un truc, suggère Cyrus. Quand tu es à l'école ou quand tu écoutes la télé, assieds-toi sur tes mains. Tu vas voir, c'est peut-être un début? Et dis-toi aussi que ça passe un jour: les raisons pour lesquelles tu te ronges les ongles vont disparaître et ce sera fini.

— Et j'aurai des empreintes de première catégorie! dit Olaf en riant.

— Et tu mettras des gants si jamais tu décides de dévaliser une banque... ajoute Cyrus.

Olaf, l'enfant sage, éclate de rire. Il s'imagine en bandit masqué. Non, ça n'irait pas du tout...

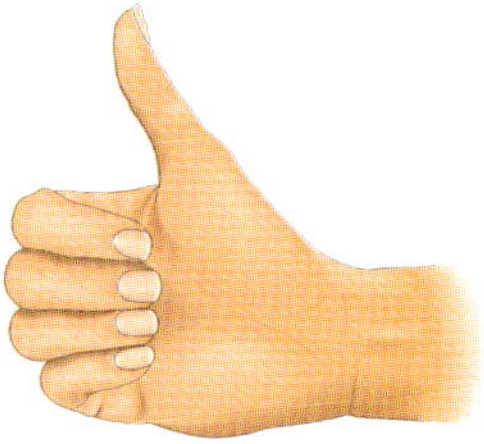

Alphonse Bertillon ne croyait pas à l'efficacité des empreintes digitales pour identifier un criminel. Pourtant, le 24 octobre 1902, il se décidait à utiliser le procédé et accusait formellement Henri-Léon Scheffer, un jeune assassin de 24 ans qu'on recherchait depuis sept mois.

Si on coupe la queue d'une couleuvre, repoussera-t-elle ?

—Mon frère affirme que si on coupe la queue d'une couleuvre, elle repoussera, est-ce vrai, Cyrus?

Magalie a rejoint le savant au champ de foire où il s'amuse à abattre des cibles.

— C'est faux, lui répond Cyrus. Ce dont tu parles se nomme l'autonomie. C'est un réflexe de défense utilisé par la plupart des lézards et par certaines salamandres.

— Et pas par les couleuvres?

— Non. Lorsqu'un prédateur saisit la queue d'un lézard ou d'une salamandre, l'animal, pour ne pas perdre la vie, sectionne lui-même sa queue. C'est ce qu'on appelle l'autonomie.

— Comment est-ce possible?

— Ce phénomène est possible chez certaines espèces grâce à des fêlures à l'extrémité de la colonne vertébrale. Au moment où le prédateur saisit la queue de l'animal, les muscles de la queue se contractent et se séparent nettement, entraînant une brisure de la colonne vertébrale.

— C'est effrayant, commente Magalie.

— Après s'être détachée, poursuit l'érudit sans s'émouvoir, la queue continue de s'agiter sur le sol et capte l'attention du prédateur. Le lézard ou la salamandre profite de cette distraction pour s'enfuir et ainsi sauver sa vie.

— Mais l'animal vivra-t-il sans queue?

— Une sorte de queue repoussera au même endroit que la première.

— Est-ce que c'est long?

— Environ huit mois.

— Et elle sera identique?

— Non, malheureusement la nouvelle queue n'est en fait qu'un tube de cartilage dépourvu de vertèbres, explique Cyrus en s'appliquant à viser la cible.

— L'animal peut-il perdre sa queue à plusieurs reprises? demande Magalie.

— Si cela s'avère nécessaire, oui. Mais la queue ne pourra être de nouveau brisée que dans la vieille partie, celle qui possède de vraies vertèbres.

— Mais les couleuvres, alors? insiste la petite fille.

— Les couleuvres muent plusieurs fois dans leur vie, à intervalles réguliers. La partie superficielle de la peau se détache de la couche nouvelle apparue en dessous.

— Comment?

— Le reptile se frotte contre les pierres ou contre les branches.

— C'est long? demande Magalie.

— Le processus de mue dure de dix à vingt jours.

— Hum, réfléchit la petite fille. Si elle n'a pas droit à l'autonomie pour sauver sa vie, comment la couleuvre se défend-elle?

— Provoquée, elle se dresse, se gonfle et siffle comme le ferait tout serpent venimeux. En même temps elle émet, par le cloaque, une sécrétion qui sent extrêmement mauvais.

— Un moyen comme un autre!

— La couleuvre est aussi très douée pour faire croire qu'elle est morte. Elle se retourne promptement sur le dos, ouvre la gueule, laisse pendre sa langue et affecte la rigidité.

— Et si on la remet sur le ventre et qu'on lui ferme la gueule?

— Elle reprendra sa position dès qu'on l'aura relâchée. On peut répéter plusieurs

fois l'opération, la couleuvre simulera obstinément la mort.

— Vous avez réussi! s'exclame Magalie en tapant des mains.

Cyrus a gagné une peluche géante qu'il offre à son amie :

— Tiens, lui dit-il, c'est plus joli qu'une couleuvre!

La salamandre de Chine et du Japon est sans conteste la plus grande: elle mesure en moyenne 1 m 50, mais peut atteindre parfois 1 m 85.

Est-ce vrai que les continents ont déjà été soudés ensemble ?

Alexandrine, Cyrus et Gratte-Bedaine terminent leur pique-nique. Du haut de la montagne où ils se sont installés, ils dominent les champs blonds et la baie toute bleue.

— C'est beau! soupire Alexandrine. Regardez la baie, Cyrus, on dirait une grande déchirure...

— Plus que ça! dit Cyrus, ébloui par l'image. C'est bien une sorte de déchirure.

— La Terre se déchire! s'écrie Alexandrine.

— Savais-tu que, il y a deux cents millions d'années, tous les continents de la planète étaient soudés les uns aux autres?

— Non! Les continents voyagent?

— En permanence. À la vitesse actuelle de dix centimètres par année. Nous vivons sur un tapis roulant! déclare Cyrus en riant. Écoute-moi bien, c'est fabuleux...

— J'écoute, Cyrus.

— Sous la croûte terrestre et sous la croûte océanique existent six plaques. Elles sont rigides, mais elles bougent. Elles couvrent des dizaines de millions de kilomètres carrés et mesurent une centaine de kilomètres d'épaisseur.

— Il y en a six et seulement six? demande Alexandrine.

— Six majeures : la plaque pacifique, la plaque américaine, l'africaine, l'eurasienne, l'indo-australienne et l'antarctique.

— Elles bougent et elles font bouger les continents?

— Exactement. Les continents s'éloignent les uns des autres depuis des millions d'années.

— Mais comment sait-on qu'ils étaient soudés ensemble? demande, curieuse, Alexandrine.

— Ça, c'est assez fascinant. Imagine-toi qu'on a trouvé des ressemblances extraordinaires entre les espèces, animales et végétales, vivant aux mêmes époques sur différents continents. On a remarqué aussi que les sols d'Afrique et d'Amérique du Sud présentent de grandes similitudes géologiques.

— Comme si c'était le même morceau qui avait été coupé en deux? dit Alexandrine, l'œil allumé.

— Voilà. On a cru d'abord que les plantes et les animaux avaient pu voyager entre deux continents, sur des icebergs à la dérive, par exemple. On a pensé aussi

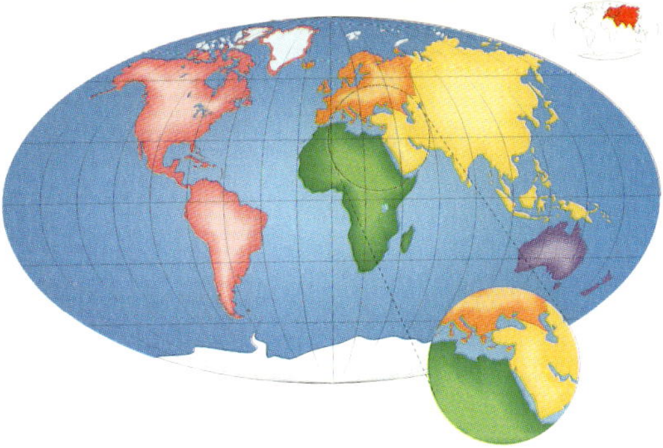

que les graines des plantes avaient pu voyager par la voie des airs. Mais quand on réalise que l'Afrique et l'Amérique du Sud possèdent la même géologie, que le sol de la première est en quelque sorte la suite du sol de l'autre, on peut croire qu'un jour ces deux terres n'en faisaient qu'une seule. Regarde bien sur une carte géographique : tu verras que leurs formes se complètent.

— Incroyable ! s'exclame Alexandrine.

— On appelle ces mouvements la dérive des continents. On peut même prévoir que dans cinquante millions d'années l'Australie sera remontée jusqu'à l'équateur !

— Et c'est en étudiant le mouvement des plaques qu'on peut prédire l'avenir de la planète ?

— En étudiant ce que l'on appelle la tectonique des plaques. Nous sommes donc partis d'un seul très grand continent qui, en deux cents millions d'années, s'est découpé pour donner la géographie de la Terre qu'on connaît actuellement.

Alexandrine observe Cyrus de ses grands yeux curieux. Puis elle regarde la baie toute bleue en se disant que dans cinquante millions d'années la rive opposée sera peut-être à l'autre bout du monde... «Ou bien la baie n'existera plus», songe-t-elle.

En plus des plaques principales, il existe des plaques secondaires : entre autres, la plaque arabique, la plaque Nazca et la plaque des Philippines. Elles sont beaucoup plus petites que les plaques principales.

Qu'est-ce que les oursins mangent?

Jérémie rentre de la plage en tirant sur le sable une énorme boîte. «J'en ai cent, se dit-il, ça devrait être suffisant. Quatre-vingt-dix-huit oursins morts et deux vivants, ce sera parfait pour mon expérience.»

Jérémie sait exactement comment il va procéder. Il pense aux instruments dont il aura besoin, compte mentalement les gouttes de sauce de poisson concentrée qu'il leur injectera... et bute sur Cyrus.

— Une autre expérience en perspective, Jérémie? demande Cyrus en essayant de voir ce que contient la boîte.

— Sur l'alimentation des oursins! répond fièrement Jérémie. Je vais examiner les oursins morts, voir par où la nourriture entre et par où elle sort, et nourrir, à l'aide d'un compte-gouttes, les deux oursins vivants.

— Qu'est-ce que tu vas leur donner à manger? demande Cyrus.

— Un concentré de nourriture à poisson! affirme Jérémie.

— J'ai bien peur que ton expérience ne soit un échec... murmure Cyrus. Si je t'expliquais, avant, comment les oursins mangent?

— Ça irait encore plus vite! dit Jérémie.

— Alors, voilà. Sur le dessus de l'oursin, il y a un trou.

— C'est sa bouche! dit Jérémie, comme s'il devait absolument répondre quelque chose.

— Non, sa bouche est dessous. Le trou du dessus, c'est l'anus de l'oursin. Il est fait en forme de boule aplatie, notre cher animal, n'est-ce pas? Sous sa coquille à épines (qui est en fait son squelette), cinq particules calcaires sont reliées entre elles par des muscles, dans la bouche de l'oursin. Cet appareil fait le même travail qu'une minuscule foreuse. Quand il a trouvé son repas, l'oursin sort sa foreuse, dans laquelle la nourriture monte lentement. La nourriture, broyée, parvient dans la bouche, ensuite dans le pharynx, puis dans l'œsophage, jusqu'à l'intestin. Ce qui en reste d'inutile sort par l'anus.

— C'est comme nous, mais dans l'autre sens! s'étonne Jérémie. C'est tout de même curieux, non?

— La nature est pleine de surprises, Jérémie, dit Cyrus avec un sourire.

— Et qu'est-ce qu'il mange, l'oursin? demande encore Jérémie.

— Tu connais ces grandes algues vertes et plates avec des bords frisés? demande Cyrus.

— Oui.

— On les appelle algues laminaires. Les oursins s'en nourrissent. Ils mangent aussi des carcasses de poissons et des crevettes. Mais pour bien manger, l'oursin doit s'installer confortablement sur son repas...

— Pour pouvoir forer en paix, ajoute Jérémie.

— Ils appartiennent à la famille des échinodermes, comme les étoiles de mer, les concombres de mer et les dollars de sable.

— Vous savez ce que je vais faire, Cyrus? dit Jérémie. Je vais installer un aquarium d'eau de mer, y placer mes deux oursins vivants, des algues, des crevettes et des restes de poisson. On verra bien!

— Tu m'en donneras des nouvelles! Jérémie? Qu'est-ce que tu vas faire des oursins morts?

— Une collection, je crois, répond très sérieusement Jérémie.

Cyrus le regarde partir avec un sourire, car il sait que Jérémie possède environ cinquante collections de toutes les espèces. «Une de plus! se dit-il. Il faudra qu'un jour ce garçon ouvre un musée!»

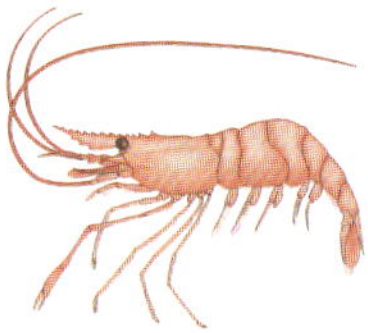

*Les oursins mesurent en moyenne entre 6 et 8 cm de diamètre.
À l'intérieur se trouvent cinq ovaires qui sont très bons à manger.
On les mange crus.*

Les étoiles ont-elles des couleurs ?

— J'en ai vu de toutes les couleurs! souffle Ali.

— Moi, j'ai vu des étoiles! murmure Cyrus en se frottant le front.

Ils se sont penchés au même moment pour ramasser une bille qui brillait dans l'herbe et leurs têtes se sont heurtées violemment.

— Vous, des couleurs et moi, des étoiles, dit Ali.

— Elles avaient des couleurs, tes étoiles? demande Cyrus.

— Je n'ai pas eu le temps de voir! Elles ont des couleurs, les vraies étoiles? demande Ali à son tour.

— Même si on les voit comme de petites lumières plutôt jaunes, les étoiles ont bel et bien des couleurs.

— Je peux garder la bille? demande Ali sans écouter Cyrus.

— Elle est à toi, tu l'as trouvée.

Ali se dit que Cyrus est encore, d'une certaine façon, un petit garçon puisqu'il cherche des billes dans l'herbe.

— Les vraies étoiles, Ali, ont des couleurs qui correspondent à leur température. Les étoiles chaudes tendent vers le blanc et le bleu. Les étoiles froides ont des teintes d'orangé et de rouge. Entre les deux extrêmes, on a des étoiles de toutes les couleurs de l'arc-en-ciel.

— J'aurais pensé le contraire : les froides bleues et les chaudes rouges, dit Ali.

— Pas du tout. La couleur des étoiles, et leur luminosité, nous donne de l'information sur la taille des étoiles. Le Soleil, par exemple, est une étoile de grosseur et de chaleur moyennes, même s'il est classé dans une catégorie d'étoiles qu'on appelle les naines. Ali, as-tu déjà entendu le nom de Bételgeuse?

— Oui, mais je ne saurais dire où...

— Bételgeuse est une étoile rouge, une supergéante, environ cinq cents fois plus grosse que le Soleil. Elle appartient à la constellation d'Orion. Dans la même constellation, on trouve Rigel, une autre supergéante, mais bleue.

— Alors, Bételgeuse est froide et Rigel

est chaude, affirme Ali avec certitude.

— Et Rigel est sept fois plus chaude que Bételgeuse.

Ali se frotte le front.

— Vous savez, Cyrus, dit-il, j'aime bien quand les choses sont le contraire de ce qu'on croit...

— C'est-à-dire? demande Cyrus en se frottant le front lui aussi.

— À cause des couleurs chaudes et des couleurs froides, j'aurais cru que les étoiles rouges étaient chaudes et les bleues, froides. Comme je sais maintenant que c'est exactement le contraire, je ne l'oublierai jamais.

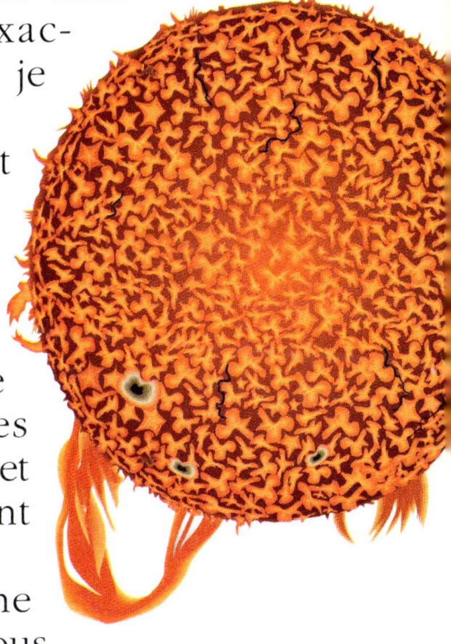

— Et plus tard, dit Cyrus, tu pourras expliquer à tes enfants, quand vous vous assommerez comme nous venons de le faire, que les étoiles bleues sont chaudes et que les rouges sont froides.

— Je suis certaine que je penserai à vous quand j'expliquerai la couleur des étoiles à mes enfants.

— Ali, dit tout à coup Cyrus, as-tu un peu de temps?

— Bien sûr, pourquoi?

— Parce que je t'emmène au planétarium!

— Je n'y suis jamais allée! Super! dit Ali.

— Tu verras! Sur la voûte du dôme, les étoiles t'apparaitront comme sur un ciel parfait, sans nuage, sans pollution. Et le spectacle qu'on y donne parle justement de Bételgeuse...

Quelques exemples de couleurs d'étoiles.
Bleue : Orion, Rigel, Sirius et Véga.
De bleu à blanc : Canopus, Procyon
De blanc à jaune : le Soleil
D'orange à rouge : Aldébaran
Rouge : Bételgeuse et Antarès

Imaginez-vous la vie avec Cyrus !
C'est le bonheur dont doivent rêver
tous les saint-bernard. Chaque fois qu'il termine
un tome de sa vaste encyclopédie qui raconte,
j'attends impatiemment la suite,
pour voir si j'y serai.
J'espère vous revoir au tome suivant !

Table des matières

Avant-propos 5

Légende 7

Est-ce que les carottes rendent vraiment la vue meilleure ? 9

Pourquoi les araignées ne se prennent-elles pas dans leurs toiles ? 13

Sous la poussière lunaire, est-ce qu'il y a de la terre ? 17

Pourquoi dit-on que les chats ont neuf vies ? 21

Pourquoi on n'est pas nés en sachant tout ? 25

Pourquoi les chevreuils font-ils tourner leurs oreilles et pas nous ? 29

Qu'y a-t-il de l'autre côté d'un trou noir ? 33

Pourquoi le sang attire-t-il les requins ? 37

À combien de kilomètres sont rendus les restes du big bang ? 41

Quel est l'ancêtre du premier arbre ? 45

Comment les animaux font-ils pour bien jouer leur rôle dans les films ? 49

Comment se forment les mirages ? 53

Est-ce que les baleines dorment ? 57

Pourquoi l'urine est-elle jaune ? 61

■ Qui a inventé les lunettes ? 65
■ Est-ce qu'un poisson rouge
peut voir à travers son bocal ? 69
■ De quel côté tourne la Terre ? 73
■ Est-ce que notre mémoire
fonctionnne quand on dort ? 77
■ Pourquoi la neige est blanche ? 81
■ Pourquoi les lions ont-ils une crinière ? 85
■ Est-ce que les lutins savent
faire de la vraie magie ? 89
■ Pourquoi est-ce que l'air
n'a pas d'ombre ?...93
■ Pourquoi est-ce qu'on est étourdi
quand on tourne ?...97
■ Que se passe-t-il quand on
franchit le mur du son ?..............................101
■ Est-ce qu'on peut utiliser
la peau de l'hippopotame ?..........................105
■ Si je m'arrache la peau des pouces, est-ce
que ce sont les mêmes empreintes
digitales qui vont repousser ?......................109
■ Si on coupe la queue d'une couleuvre,
repoussera-t-elle ? 113
■ Est-ce vrai que les continents ont
déjà été soudés ensemble ?..........................117
■ Qu'est-ce que les oursins mangent ? 121
■ Les étoiles ont-elles des couleurs ?.............125

Index

ADHÉSIF 13
AIR 93
ALBUMINE 39
ALGUE BLEUE 46
ALGUE LAMINAIRE 123
ANNÉE-LUMIÈRE 43
ARAIGNÉE 13
ARBRE 45
ATMOSPHÈRE 19
AUTONOMIE 113
BALEINE 57
BASALTE 19
BIG BANG 41
BILIRUBINE 62
CACHALOT 59
CARNIVORE 37
CAROTÈNE 10
CAROTTE 9
CARTILAGE 114
CERVEAU 27, 98
CERVIDÉS 31
CÉTACÉS 59
CHAMP GRAVITATIONNEL 36
CHAT 21
CHEVREUIL 29
CHIFFRE NEUF 23
CLOAQUE 115
CONNAISSANCE 25
CONTINENT 117
COULEUR 82, 125
COULEUVRE 113
CRINIÈRE 85
CRISTALLIN 70
DAUPHIN 59

DERME....109
DRESSAGE....52
ÉCHINODERME....123
EMPREINTE DIGITALE....109
ÉPAULARD....59
ÉPIDERME....109
ÉTOILE....33, 42, 125
ÉTOILE À NEUTRONS....33
GALAXIE....33, 42
GÈNE....86
GÉNÉTIQUE....86
GINKGO BILOBA....47
GRANIT....19
GRAVITÉ....58
HÉLIUM....42
HÉMOGLOBINE....39, 62
HIPPOPOTAME....105
HORMONE....78, 86
HYDROGÈNE....42
INTELLIGENCE....26
LICHEN....46
LIGNE LATÉRALE....70
LION....85
LUMIÈRE....54, 82, 94
LUNE....17
LUNETTES....65
LUTIN....89
MAGIE....89
MARÉE....19
MÉMOIRE....77
MICRO-MÉTÉORITE....18
MIRAGE....53
MOLÉCULE....94, 102
MORT....21
MUR DU SON....101
MYOPIE....67
NAINE....33, 126
NEIGE....81
ŒIL....10
OLFACTIF....39

OMBRE 93
OREILLE..29
OURSIN 121
PLAQUE 117
POISSON ROUGE 69
POURPRE RÉTINIEN...10
PRÉDATEUR 31, 113
PRESBYTIE 66
PRISME..83
REQUIN 37
RÉTINE..10
RÉVOLUTION 74
RHODOPSINE 10
ROCHE BASALTIQUE 18
ROTATION 74
SANG 37
SHAMBOK 107
SOLEIL 34
SOMMEIL LENT...77
SOMMEIL PARADOXAL 77
SUBSONIQUE 102
SUPERSONIQUE 102
TECTONIQUE 119
TERRE 19, 73
TOILE..13
TONNERRE 101
TROU NOIR...33
ULTRA-VIOLET 19
URINE 61
VERTÈBRE 114
VIBRISSE 107
VISION...10
VITAMINE A 10
VOIE LACTÉE 35

Remerciements

Nous tenons à remercier tous ceux qui, de près ou de loin à la SRC, ont préparé le terrain pour que naisse un jour *Cyrus, l'encyclopédie qui raconte.*

Créée par monsieur Jean-Pierre Paiement pour les enfants de 6 à 12 ans, l'émission *275-Allô* est diffusée à la radio AM de Radio-Canada depuis 1989. Parmi près de cinq mille questions posées par des enfants à l'émission sur une multitude de sujets, nous avons choisi les plus intéressantes et les plus universelles.

Nous voulons ici honorer la mémoire de monsieur Michel Chalvin, qui a réalisé l'émission depuis ses débuts jusqu'au moment où il est décédé en 1994.

Nos remerciements vont tout particulièrement aux animateurs de l'émission, Anne Poliquin et Michel Mongeau, aux précieuses recherchistes Joceline Sanschagrin et Élaine Doyon, ainsi qu'au réalisateur de l'émission, Louis-Yves Dubois, qui savent, tous les cinq, vulgariser une matière souvent fort complexe et la rendre accessible aux enfants.

L'enthousiasme de madame Hélène Messier, chef du service des droits d'auteur à la SRC, ainsi que de messieurs Pierre Tougas et Jean-François Doré, directeurs de la radio AM de Radio-Canada, nous a permis de mener à bien cette vaste aventure encyclopédique.

Nous tenons également à remercier les éditions Larousse, qui nous ont aimablement fourni les outils nécessaires à la vérification de la matière.

Nous voulons enfin souligner la précieuse collaboration de Martine Podesto, qui a vérifié le contenu de ces ouvrages, et de Diane Martin, qui en a assuré la correction.

Cyrus, l'encyclopédie qui raconte est illustrée par l'équipe de Québec/Amérique International, à qui nous tenons à exprimer toute notre admiration.

Notre plus grand merci va, bien sûr, à tous les enfants curieux qui posent de si justes questions...